Adrian Goiginger und Walter Müller
FRANZ

Bundesministerium
Kunst, Kultur,
öffentlicher Dienst und Sport

LAND SALZBURG

STADT : SALZBURG

Impressum

Bibliografische Information der Deutschen Nationalbibliothek
Die Deutsche Nationalbibliothek verzeichnet diese Publikation
in der Deutschen Nationalbibliografie; detaillierte bibliografische
Daten sind im Internet über http://dnb.d-nb.de abrufbar.

2. Auflage 2024

5020 Salzburg, Bergstraße 12

Lektorat, historische Recherchen, Fachberatung: Markus Weiglein
Korrektorat: Martina Schneider
Archivrecherchen: Richard Germann
Weitere historische Beratung: Andrea Dillinger, Museum Schloss Ritzen
Grafik und Produktion: Nadine Kaschnig-Löbel
Cover: Christin Albert
Coverfoto: Privatarchiv Adrian Goiginger (Franz Streitberger repariert sein Motorrad)
Druck: FINIDR, s.r.o.
gedruckt in der EU

ISBN 978-3-7025-1117-3
auch als eBook erhältlich eISBN 978-3-7025-8117-6
www.pustet.at

Wir bemühen uns bei jedem unserer Bücher um eine ressourcenschonende Produktion. Alle unsere Titel werden in Österreich und seinen Nachbarländern gedruckt. Um umweltschädliche Verpackungen zu vermeiden, werden unsere Bücher nicht mehr einzeln in Folie eingeschweißt. Es ist uns ein Anliegen, einen nachhaltigen Beitrag zum Klima- und Umweltschutz zu leisten.

Adrian Goiginger und Walter Müller
unter Mitarbeit von Markus Weiglein

FRANZ

Die Geschichte meines Urgroßvaters

VERLAG ANTON PUSTET

Inhalt

Was erinnern Männer wie Franz?

Vorwort von Adrian Goiginger

Mein Urgroßvater ist vieles nicht gewesen. Er war kein Trinker, kein Raucher, kein „Weiberer", kein Maulheld, kein Stammtischhocker. Er hat auch später nicht mit seinen Lebensgeschichten angegeben. Franz hat nie damit geprahlt, wie furchtlos und entschlossen er im Krieg gewesen ist. Er hat nicht, wie so manche seiner Eisenbahnerkollegen, davon erzählt, wie viele Mädchen oder Frauen in Bahnhöfen auf ihn gewartet haben. Weil es die nicht gegeben hat.
Mein Urgroßvater war ein Einzelgänger, wortkarg, könnte man sagen. „Gefühlskalt" wäre das falsche Wort, gefühlsscheu ist er aber wohl gewesen. Gefühle zeigen macht verletzlich. Wenn man als Kind schon an der Seele verwundet worden war, am Urvertrauen, und den Krieg am Körper halbwegs unverwundet überstanden hatte, ließ man sich nicht durch Gefühle aus der Bahn werfen.

Schon als Teenager kam mir der Gedanke, einen Film über das Leben meines Urgroßvaters zu machen. Seitdem er mir zum ersten Mal von dem Fuchs erzählte, den er im Krieg gefunden und großgezogen hatte, hat mich diese Geschichte nicht mehr losgelassen. Heute, knapp 20 Jahre später, gibt es nicht nur einen Film, sondern auch ein Buch über Franz Streitberger, den Großvater meiner Mutter Helga.
Der Film *Der Fuchs* war ein „größenwahnsinniges" Projekt – so wurde es mir zumindest von manchen immer wieder vorgeworfen. Doch irgendwie wusste man alles zu meistern: die Herausforderungen während der Coronazeit, das Drehen mit echten Füchsen, die historischen Recherchen.

Zum Zeitpunkt des Kinostarts im Jänner 2023 hatte ich noch nicht an ein mögliches Buch gedacht. Die Idee kam mir erst während der Kinotour, als mich immer wieder Leute nach den Vorstellungen fragten, was denn mein Urgroßvater sonst noch alles erlebt habe: vor dem Krieg, währenddessen, in den Jahren danach. Ich erzählte von seinen elf Geschwistern, der unvorstellbaren Armut, den zahlreichen Gefahren an den Fronten und den Herausforderungen, nach der Kriegsgefangenschaft wieder zurück ins Leben zu finden und eine Familie zu gründen. Der Tenor war immer derselbe: Ich solle doch ein Buch darüber schreiben!

Da ich meine Filme nicht für mich, sondern für andere, mir unbekannte Menschen mache, in der Hoffnung, sie zu berühren und zum Nachdenken anzuregen, habe ich auch beim Planen dieses Buches an das Publikum gedacht und mir Fragen gestellt: Wie kann die Geschichte meines Urgroßvaters möglichst spannend und abwechslungsreich, aber dennoch fundiert auf Basis wissenschaftlicher Recherchen und Quellen erzählt werden? Wie lässt sich mit dem Spannungsfeld „Erinnerung vs. Faktum" umgehen? Kann so ein Buch ohne den Fuchs als zentralen Anker funktionieren? Und wie lässt sich das Leben meines Urgroßvaters entlang wesentlicher historischer Ereignisse überhaupt im Detail nachverfolgen?
Und so nahm ich noch einmal den Faden auf, führte Gespräche mit Familienmitgliedern und Historikern, traf Bekannte und Freunde von Franz und sichtete Bildmaterial, um gemeinsam mit Walter Müller die Geschichte meines Urgroßvaters aufzuschreiben. Sein Lebensweg ist packend und nicht zuletzt für mich als Nachfahre auch sehr emotional.

An dieser Stelle eine kleine Beichte, die aber wenig überraschen wird: Die Ereignisse in *Der Fuchs* beruhen nicht durchwegs auf recherchierbaren Fakten und haben sich nicht immer genauso im realen Leben Franz Streitbergers abgespielt. Es wurde aber natürlich darauf geachtet, selbst zeithistorische Details authentisch darzustellen. Doch um eine möglichst spannende Dramaturgie in 117 Minuten zu entfalten, musste ich bei der Biografie meines Urgroßvaters ein paar Aspekte ändern: Darunter fallen zum Beispiel sein Geburtsjahr, das Kennenlernen seiner Frau – die Französin im Film hat es nicht gegeben – und auch der Abschied vom Fuchs.

Dieses Buch erhebt den Anspruch, sich der Biografie Franz Streitbergers auf Basis gesicherter Ereignisse, die wir heute aus noch vorhandenen und greifbaren Quellen extrahieren können, viel stärker anzunähern, als es ein Film könnte: anhand der Erinnerungen meines Urgroßvaters, anhand archivalischer Dokumente sowie Tonbandaufnahmen von Gesprächen, die ich in meiner Jugend mit Franz geführt habe. Zuweilen finden sich in diesem Buch immer wieder vereinzelte O-Töne dieser „Interviews“ an prominenter Stelle im Dialekt hervorgehoben, um meinen Urgroßvater als Menschen für die Nachwelt noch greifbarer zu machen. Wesentlich sind in diesem Zusammenhang auch die vielen Fotos, die Franz während des Krieges selbst gemacht hat – er hatte stets seine Kamera mit Selbstauslöser dabei. Die meisten Fotos der Collagen in diesem Buch stammen somit von meinem Urgroßvater selbst. Was auf ihnen zu sehen ist, wird im Anhang (S. 136) beschrieben.

Ist das nun die „ganze“ Streitberger-Geschichte? Nein. Es ist, wie gerade angedeutet, eine Annäherung. Es ist seine Geschichte. Sie ist über manche Strecken repräsentativ für die Erlebnisse vieler Männer seiner Generation. Woran erinnern sich aber Männer wie Franz? Und was können wir heute überhaupt noch gesichert in Erfahrung bringen? Erinnerung ist immer selektiv und ein wenig trügerisch: Bewusst oder unbewusst blendete mein Urgroßvater sicher auch das eine oder andere nicht ganz unwesentliche Ereignis im Nachhinein aus. Er konnte oder wollte schlicht nicht über alles sprechen – und handelte in dieser Hinsicht wie viele andere.

Nicht nur Erinnerung ist eine heikle Sache: Auch die Recherchen in den Archiven stießen zuweilen an ihre Grenzen. Über manche Strecken ist die Nachzeichnung des genauen Schicksals Franz Streitbergers im Zweiten Weltkrieg, wie es gleichfalls die militärhistorische Expertise nahegelegt hat, ein Indizienprozess geblieben. Die durchgesehenen Materialien lassen auf die jeweiligen Einheiten und Einsatzorte meines Urgroßvaters nicht durchwegs zweifelsfreie Rückschlüsse zu, darüber hinaus weist die Zeit von 1943 bis zu seiner Gefangennahme im Frühjahr 1945 auch nach intensiven Recherchen aufgrund fehlender oder nicht mehr auffindbarer Unterlagen grobe Lücken auf.

Angesichts einer faktenbasierten Annäherung an den Menschen kann gar nicht oft genug auf den sensiblen historischen Kontext hingewiesen werden. Der Geschichte Franz Streitbergers zu folgen, bedeutet für uns nun nicht, über Faktoren wie Schuld und Verantwortung wild zu spekulieren oder, wie es so viele Männer der Generation meines Urgroßvaters getan haben, zu schweigen: Wir ordnen seine Erinnerungen ein, wir erzählen auch von den allgemeinen historischen Entwicklungen und ermöglichen es auf dieser Weise der Leserschaft, sich selbst eine Meinung zu bilden. Wir scheuen uns damit gar nicht davor, die vorhandenen Lücken und Leerstellen in der Biografie meines Urgroßvaters zu benennen und eine Sprache für ein Leben zu finden, das von Sprachlosigkeit geprägt war. Konnte Franz etwa jemals seinen Eltern verzeihen? Für mich sind es gerade die „letzten Geheimnisse", die mein Urgroßvater mit ins Grab genommen hat, die ihn ausmachen und sein Wesen widerspiegeln. Denn schließlich war er ja immer der Meinung, er habe nichts zu erzählen …

Wie schafft man es, den Mut zu behalten?

Simon Morzé über die Rolle und den Menschen Franz Streitberger

[Im Film *Der Fuchs* verkörpert Hauptdarsteller Simon Morzé den Soldaten Franz Streitberger, den Urgroßvater von Adrian Goiginger.]

Als ich 2018 das erste Mal Adrians Goigingers Drehbuch *Der Fuchs* gelesen habe, wusste ich: Diese Rolle möchte ich unbedingt spielen. Dass das nicht leicht werden würde, war mir bei diesem Gedanken auch klar. Als in Österreich tätiger Schauspieler hatte ich schon einiges von Adrians akribischer Vorgehensweise gehört. Und doch, nach drei Casting-Runden und vielen Gesprächen hatte ich die Rolle. Adrian vertraute mir also an, seinen Urgroßvater Franz Streitberger zu verkörpern.

Nach den ersten Tagen euphorischer Freude, bei diesem Projekt eine tragende Rolle spielen zu dürfen, schlich sich ein zweites Gefühl bei mir ein: Unsicherheit. War es möglich, einen Menschen, den ich nie kennenlernen würde und der ein Leben geführt hatte, das von meinem nicht weiter entfernt sein könnte, zu verkörpern? Diesen Franz Streitberger, der unter widrigsten Umständen aufwuchs, nur um dann in den Krieg geschickt zu werden und sich all die Jahre dieser unvorstellbaren, schrecklichen Gewalt stellen zu müssen.

Doch die häufigen Treffen mit Adrian gaben mir immer mehr die Hoffnung, diesen Menschen doch ein Stück weit kennenlernen zu können. Adrian hatte schon als Jugendlicher angefangen, seinen Urgroßvater zu interviewen, und so konnte ich stundenlang der Stimme von Franz lauschen und Notiz davon nehmen, wie er von seinem Leben berichtete. Vom Aufwachsen auf einem Bergbauernhof im Pinzgau der Zwischenkriegszeit. Davon, von den eigenen Eltern verstoßen zu werden, um bei einem wohlhabenderen Bauern als Knecht zu dienen und dafür mit

Schlägen und Demütigung „belohnt" zu werden. Was macht es mit einem Menschen, von klein auf derartige Gewalttaten zu erleben?

Für Franz folgte nach diesen Ereignissen auch noch der Krieg. Adrian stellte mir unzählige Fotos zur Verfügung; darauf ist Franz sowohl in Nordafrika als auch in Russland zu sehen. Durch ganz Europa wurde dieser junge Mensch von dem grausamen Regime seiner Zeit getrieben, um dann in Kriegsgefangenschaft zu geraten. Wie schafft man es, dabei den Mut zu behalten und ein Mensch zu bleiben?

Durch Adrians Erzählungen und die seiner Verwandtschaft ist mir klar geworden, dass Franz Streitberger genau das geschafft hat: ein Mensch zu bleiben. Doch sicherlich einer mit vielen Wunden äußerlicher und innerlicher Natur. Gerade die Beziehung von Franz zu seinem Fuchs war für mich als Schauspieler der wichtigste Anhaltspunkt, um zu verstehen, warum er imstande war, nicht im Angesicht all der Tragödien seines Lebens den Mut zu verlieren. Auch später, als er wieder im Pinzgau lebte, war Franz als jemand bekannt, der zu Tieren eine stärkere und innigere Beziehung pflegte als zu seinen Mitmenschen. Für mich war das nachvollziehbar. Für jemanden, der sein Leben lang Enttäuschungen von seinen Mitmenschen erfahren hat, ist es kein Wunder, wenn er sich ihnen nicht mehr so leicht öffnet oder sich vielleicht sogar von ihnen abwendet.

Eines der schönsten Themen in Adrians Film ist für mich das der Vergebung. Franz findet seinen Fuchs und hat so jemanden in seinem Leben, auf den er aufpassen kann. Als er sich dann auf dem Weg nach Russland gezwungen sieht, sich von ihm zu trennen, ist er imstande, seine Eltern zu verstehen. Erst dadurch, dass er das Gleiche wie sie erlebt, kann er sich von seinem Schmerz ein Stück weit befreien. Mir war es wichtig, die Entwicklung, die Franz durchmacht, so gut es geht, darzustellen. Am Anfang erleben wir Franz als jemanden, der emotional sehr zurückgezogen lebt und wenig Kontakt zu seinen Kameraden pflegt. Erst als er seinen Fuchswelpen findet, vermag er sich ein wenig zu öffnen, das aber auch nur, wenn er mit seinem Tier allein ist. Doch am Ende, wenn er sich von seinem Fuchs trennen muss und nach der Kriegsgefangenschaft nach Hause zurückkehrt, ist er zur Vergebung imstande. Das hat mich stark berührt.

Ich bin Adrian unfassbar dankbar, all die Erfahrungen, die mit diesem Film verbunden sind, erlebt haben zu dürfen. In gewisser Weise bin ich, auch wenn ich ihn leider nie kennenlernen durfte, Franz Streitberger ebenfalls dankbar. Denn ich habe seine Erfahrung ein Stück weit miterleben dürfen und habe so ein österreichisches Schicksal kennengelernt, das sonst spurlos an mir vorübergegangen wäre. Ich hoffe, dass wir es geschafft haben, mit diesem Film eben jenes Schicksal und all die Themen, die damit verbunden sind, vielen Menschen näherzubringen. Dass Franz Streitberger jetzt auch noch ein Buch gewidmet wird, stimmt mich glücklich!

Simon Morzé

Historische Ortsansicht von Saalfelden

1

Geboren in Saalfelden im vorletzten Jahr des Ersten Weltkrieges

Franz Xaver Streitberger kam am 2. April 1917 um halb vier am Nachmittag in Saalfelden als achtes Kind von Josef und Katharina Streitberger zur Welt. Im Vorfeld hatte man die Hebamme Genoveva Zateka zum Christernbauernhof in Niederhaus Nr. 5 holen lassen, um die Geburt zu begleiten. Der zuständige Kooperator Christian Wimmer taufte den Neugeborenen bereits am 3. April um viertel nach zwei. Eine derart rasch vollzogene Taufe war wegen der hohen Kindersterblichkeit damals üblich: Manche Säuglinge überlebten den ersten Tag, die erste Woche nicht. Dann sollten sie, so die allgemeine Meinung, wenigstens in den Himmel kommen – ungetauft galten sie als verlorene Seelen.

Als Franz geboren wurde, tobte noch der Erste Weltkrieg, der 1914 begonnen hatte und vier Jahre später zu Ende gehen sollte. Mehr als neun Millionen Soldaten und über sechs Millionen Zivilistinnen und Zivilisten fanden in diesem ersten „industriell" geführten Krieg, für den eine unvorstellbare Masse materieller Ressourcen aufgeboten wurde, den Tod – darunter mehr als eine Million Menschen aus Österreich-Ungarn. Das Ende der Kämpfe bedeutete auch das Ende des Vielvölkerstaates der Habsburger. Der Urgroßvater hatte daher gleichsam noch unter einem Kaiser das Licht der Welt erblickt – Kaiser Karl, dem Nachfolger von Kaiser Franz Joseph I., der fast 68 Jahre lang regiert hatte.

Auf dem heutigen Ortsgebiet von Saalfelden existierten dazumal noch zwei Gemeinden mit voneinander unabhängigen Vertretungen, die erst wenige Jahre vor Ausbruch des Zweiten Weltkrieges zusammengelegt wurden. Bis 1934 hatten in der Marktgemeinde mit ihrem hohen Anteil an Bahnbediensteten die Sozialdemokraten den Bürgermeister gestellt, in der Landgemeinde die Christlichsozialen. Damals lebten in beiden Gemeinden zusammengerechnet etwas mehr als 6 500 Menschen, 1910 waren es nicht ganz 5 600 gewesen. Die langsame Steigerung lässt sich vor allem mit den Verlusten im Ersten Weltkrieg begründen. Andererseits war der Bahnbau zu diesem Zeitpunkt längst beendet – Saalfelden hatte schon 1875 einen eigenen Bahnhof erhalten. Der Zuzug zahlreicher Bahnbediensteter, die sich hier dauerhaft niederließen, war dementsprechend bereits abgeschlossen.

* Eine detaillierte Zeittafel, die einen chronologischen Überblick über Franz Streitbergers Lebensweg und historisch markante Ereignisse gibt, findet sich im Buchanhang ab S. 130.

Der Vater von Franz Streitberger und seinen Geschwistern, Josef, war Landwirt, zum Zeitpunkt der Geburt von Franz bereits der „Christernbauer“ zu Niederhaus. Das ist ein Ortsteil der Gemeinde Saalfelden, wo heute nicht einmal 100 Menschen leben. Josef wiederum war der Sohn von Georg Streitberger, dem „Poltenbauer“ zu Bergern in Maishofen. Wie es in der Familie heißt, scheint vordergründig tatsächlich Liebe und nicht (nur) wirtschaftliche Raison im Spiel gewesen zu sein. Jedenfalls heiratete am 10. Oktober 1905 Josef Streitberger in der Wallfahrtsbasilika Maria Plain bei Salzburg Katharina Foidl, die Tochter des „Christernbauern“ zu Niederhaus. Durch diese Ehe wurde Josef selbst Bauer auf diesem Gut – und im Laufe der Jahre Vater von 12 Kindern.

Seine Frau Katharina hatte vor Franz also bereits sieben Kinder zur Welt gebracht – innerhalb von zehn Jahren. Alle Streitberger-Kinder, fünf Mädchen und sieben Buben, wurden ehelich geboren und binnen 24 Stunden getauft. Die Mutter, sagt man heute noch, war zwischen 1906 und 1925 „ununterbrochen schwanger“. Trotzdem musste sie hart arbeiten: im Haus, aber genauso im Stall und auf dem Feld.
Was Themen wie Mutterschutz oder Karenz anbelangt, standen die Entwicklungen erst am Anfang: Mit der Novellierung der Gewerbeordnung zur Mitte der 1880er Jahre war nicht nur der Maximalarbeitstag von elf Stunden in der Fabrik eingeführt worden, vielmehr hatte es hierzulande damit auch der Mutterschutz erstmals in die Gesetzgebung geschafft. Zu dieser Zeit legte man fest, dass „Wöchnerinnen“ (Mütter in den ersten Wochen nach der Entbindung) erst vier Wochen nach der „Niederkunft“ (Geburt) wieder arbeiten durften. Allerdings hielt sich kaum eine junge Mutter daran: Wie schon Katharina Streitberger sahen die meisten Frauen gar keine andere Möglichkeit, als Mann und Kinder bei der Hofarbeit zu unterstützen. Das war eine Frage des tagtäglichen Überlebens. Katharina wollte nur das Beste für ihre Kinder, um die sie sich, wie sich manche lange noch erinnerten, liebevoll sorgte. Erinnerungen zeichnen sie als aufgeweckte, intelligente Frau. Natürlich war das Leben ein Kampf, aber die Mutter mit ihrem unverwüstlichen positiven Naturell ermöglichte ihrer Familie durchaus auch die eine oder andere leichtere, entspannte Stunde. Manchmal drang statt der drückenden Stille auch ein herzliches Lachen, vor allem der Kinder, durch den Christernhof.

Ehelich geboren, katholisch getauft – das wurde als selbstverständlich und Abweichungen davon immer wieder auch als „abnormal" betrachtet, vor allem in den Landgemeinden. Ledige Mütter wurden von so manchen als „Schandweiber" verspottet, sie mussten in der Kirche allein zu ihrer Sitzbank vorgehen und waren oft zynischen, dann und wann wohl auch mitleidvollen Blicken ausgesetzt.
Bekam eine Bauerndirn ein Kind, musste sie es gleich nach der Geburt weggeben. Manchmal fand der unehelich geborene Säugling Aufnahme bei einer anderen Familie, die sich erbarmte und noch Platz hatte. Immer wieder wurden ledige Kinder aber auch in Heime verfrachtet oder von der Gemeinde, vom Bürgermeister und dem Pfarrer an für geeignet erachtete Bauern vermittelt.

Wenngleich der ledige Nachwuchs in der damaligen Wahrnehmung mitunter lediglich als Last und Bürde betrachtet wurde: Als Arbeitskräfte hielt man ihn, wie alle Kinder zur damaligen Zeit, für unverzichtbar. In der Landwirtschaft wie in der Industrie war schließlich noch bis in das frühe 20. Jahrhundert Kinderarbeit weit verbreitet – und das nicht nur im Pinzgau, sondern in ganz Europa.

Zuerst kam Josef („Josefus") Streitberger zur Welt, die ersten Söhne erhielten häufig den Namen des Vaters. Er sollte 92 Jahre alt werden. Danach wurde Georg geboren, benannt nach dem Großvater – er aber starb, gerade noch rechtzeitig getauft, am Tag nach der Entbindung. Das dritte Kind, Katharina, trug den Namen der Mutter und war gerade einmal vier Jahre alt, als sie an der „Bräune" zugrunde ging. Das war die landläufige Bezeichnung für die Diphterie, eine akute Infektion der Atemwege. Anfang des 20. Jahrhunderts war diese Krankheit unter der schaurig bildhaften Bezeichnung „Würgeengel der Kinder" bekannt, heute ist sie in den Industrieländern dank der allgemein eingeführten Impfung mehr oder weniger verschwunden.
Eine andere, damals weitverbreitete Krankheit, an der viele Kinder starben, war die „Fraisen". Heute würde man darunter Formen der (früh) kindlichen Epilepsie verstehen: Die Säuglinge wurden von heftigen Krämpfen erfasst, sie bekamen Atemnot, ihre Augen verdrehten sich. Das hatte mit der Mangelernährung zu tun und lag vor allem an den meist gehäuften, knapp aufeinander folgenden Schwangerschaften, die

einen Kalk- und Vitamin-D-Mangel auslösten, was gravierende Auswirkungen auf die Gesundheit des Kindes nach sich ziehen konnte. Dazu kam, dass die Mütter nach der Geburt so rasch wie nur möglich wieder bei der Feld- und Hausarbeit mithelfen mussten und sie ihre Kinder deswegen nicht richtig stillen konnten. Der Nachwuchs wurde in der Folge oft einfach nur mit einem Brei aus Kuhmilch und Mehl gefüttert, was häufig Krämpfe im Darm und im Magen nach sich zog. Bei unehelichen Kindern war die Wahrscheinlichkeit besonders hoch, an der „Fraisen" – oder wie man sagte: an der „Froas" – zu sterben. Sie wuchsen ja meist bei fernen Verwandten oder gänzlich fremden Menschen auf und wurden überhaupt nicht gestillt.

Zur Zeit der Geburt Franz Streitbergers herrschte über weite Strecken in den Städten genauso wie auf dem Land bittere Armut und ein Mangel am Notwendigsten. Wie sollte unter derartigen Umständen ein halbwegs menschenwürdiges Leben möglich sein? Der damalige Bürgermeister der Marktgemeinde Saalfelden, Johann Eiböck, ließ die Herausforderungen des Jahres 1917 im Bürgerbuch notieren: „23. 2. Kein Mehl und auch kein Brot mehr vorhanden … 10. 3. Kein Brot, große Hungersnoth …" Für den 4. April, Franz war zu diesem Zeitpunkt gerade einmal zwei Tage alt, wurde Folgendes festgehalten: „Große Noth, zwei Personen erhalten wöchentlich ¼ Kilo schwarzes Mehl …" Und dann noch: „21. 4. Die Felder noch immer mit Schnee bedeckt, großer Mangel an Futter fürs Vieh". Ende September desselben Jahres bekam „jede Person … wöchentlich ein Ei" und am 29. Dezember wurde das Schulhaus gesperrt, da „keine Kohlen" mehr zur Beheizung vorhanden waren. Die prekäre Situation spitzte sich weiter zu, für den 28. Juli 1918 steht geschrieben: „Bis heute 14 brotlose Tage, seit 1 Monat keine Mehlausgabe, große Noth …" Neben dem alltäglichen Kampf um etwas Nahrung taten die Preise ihr Übriges: Zahlte man zu Kriegsbeginn für ein Kilo Kartoffeln sieben Heller, waren es 1918 bereits zwei bis drei Kronen – das entsprach einer 30- bis 40-fachen Steigerung.

Was die Menschen neben dem Hunger, den Entbehrungen, der Armut und dem Krieg sehr bedrückte, waren Meldungen wie diese vom 20. November 1916: „… das letzte Mal mit allen Glocken geläutet, danach Abnahme derselben am 22. November; darauf Überführung derselben am Bahnhof zum weiteren Versand. Viele Bewohner weinten, wegen der ernsten Bedeutung." Was war geschehen? Man hatte die Dorfglocken, die den Tagesablauf in der Gemeinde das ganze Jahr über mit ihrem Klang begleiteten und am Sonntag zum Gottesdienst in die Kirche riefen, abgehängt, zu einem Stahlwerk abtransportiert und sie in einer Gießerei einschmelzen lassen. Aus Glocken wurden Waffen, nicht nur in Saalfelden: Jedes Mittel war hierzulande recht, um im Krieg den Nachschub an wesentlichen Materialien zu sichern. Dafür intensivierte man etwa den Bergbau und ließ die Bevölkerung sämtliche Gegenstände aus Metall sammeln. Bereits Ende 1914 war zur organisatorischen Abwicklung das Komitee „Patriotische Kriegsmetallsammlung" gegründet worden. Kirchenglocken gerieten schnell ins Visier, da sie eine große Menge an Kupfer und Zinn enthielten. Im Mai 1915 startete landesweit eine erste Aktion, wobei zunächst nur Glocken aus dem 19. und 20. Jahrhundert zur Einschmelzung freistanden. Hierauf wurden Zwangsabgaben verfügt und lediglich Geläute aus der Zeit vor 1600 blieben geschützt. Zeitgenössische Quellen verlautbaren, dass rund 90 Prozent aller Glocken im Bundesland Salzburg, darunter auch jene in Saalfelden, sogenannten Glocken-Aktionen zum Opfer fielen.

Die Bauern konnten in diesen schweren und unruhigen Zeiten ihren Hof samt Frau, Kindern und Gesinde, den Mägden und Knechten, mal mehr, mal weniger über die Runden bringen, wobei auch Zufall und Glück eine Rolle spielten. Verfügte ein landwirtschaftlicher Betrieb über Kühe, Schafe und Schweine, so ließen sich selbst größere Familien einigermaßen versorgen. War der Bauer im Besitz von Pferden, dann konnte er durch Fuhrarbeiten dazuverdienen und etwa Milch und Holz liefern – diese Arbeit übernahm aber auch schnell einmal eines der Kinder, sobald es das Leiterwagerl ziehen oder ein kleines Fuhrwerk begleiten konnte.

Der Christernhof in Niederhaus, den Josef Streitberger bewirtschaftete, war günstig in der Ebene gelegen, befand sich also nicht – wie etliche andere Höfe – in unwegsamem Gelände. Und doch stand es um diesen schlecht. Waren es die vielen Kinder, die in so kurzer Zeit hintereinander geboren wurden und ernährt werden mussten? Oder hatte Josef

Streitberger keine gute Hand für seinen Betrieb? Lag es daran, dass er weder lesen noch schreiben konnte?

Tatsache ist, dass sich Josef Streitberger verschuldete und bald seinen durchaus stattlichen Hof gegen einen anderen eintauschen musste. Leidtragende waren ob der dramatischen Lage vor allem die Kinder. Neben den bereits erwähnten Josef, Georg und Katharina wurden vor Franz, dem achten Kind, noch Johann, Matthias, Siegfried und Maria Theresia geboren. Matthias Streitberger starb 1943 im Zweiten Weltkrieg in Montenegro. Johann wurde 69, Siegfried 88 und Maria Theresia 91 Jahre alt. Nach Franz kamen noch Anna Magdalena, Apollonia und Anton Streitberger auf dem Christernhof zur Welt. Anna starb im Alter von fünf Monaten an einer Lungenentzündung, Apollonia mit 20 Jahren, und Anton wurde als Wehrmachtssoldat 1944 mit 22 Jahren im norwegischen Rørvik vermisst gemeldet. Als letztes Kind erblickte Elisabeth Streitberger das Licht der Welt, sie sollte 93 Jahre alt werden.

Beschwerliche Heuarbeit in Saalfelden,
frühes 20. Jahrhundert

2

Die frühe Zwischenkriegszeit und der Umzug in das „Saulehen“

Seit der Jahrhundertwende gab es in Österreich-Ungarn nur mehr Kronen und Heller als Zahlungsmittel. Die Währung erfuhr nach dem Ersten Weltkrieg eine gravierende Entwertung, ein Teufelskreis setzte sich in Gang: Die schlechte Wirtschaftslage resultierte nicht nur in einer steigenden Arbeitslosigkeit, sondern zog noch weitere, viel grundlegendere Preiserhöhungen für Lebensmittel, Kleidung und Rohstoffe nach sich. Hierzulande erreichten diese im Sommer 1922 ihren Höhepunkt: Die Lebenshaltungskosten waren zu diesem Zeitpunkt auf das 14 000-Fache (!) des Jahres 1913 angestiegen.

Dazumal erfuhren breite Gesellschaftsschichten und vor allem auch viele Bauern einen wirtschaftlichen Abstieg. Sie mussten zum Teil ihre Anwesen versteigern, verkaufen oder gegen heruntergekommene Höfe eintauschen. Oft genug konnte trotz Fleiß und Sparsamkeit ein Besitz nicht mehr gehalten werden, selbst wenn alle Familienmitglieder, das heißt auch die Kinder, im Haus, im Stall, am Feld oder im Wald mitarbeiteten: die Buben beim Schafhüten und Heueinbringen, die Dirndln beim Füttern des Stallviehs, der Schweine und Hühner. Manchmal ging es mit einst florierenden Betrieben schnell und steil bergab. Schuldscheine mussten unterschrieben, manches Stück Vieh verkauft werden. Auch die Familie Streitberger war davon betroffen und sah sich gezwungen, ihren Besitz aufzugeben und umzuziehen.
Am 4. Februar 1925, Franz war zu diesem Zeitpunkt sieben Jahre alt und der Schilling seit einem Monat das neue Zahlungsmittel, wurde am Bezirksgericht Saalfelden der entsprechende Vertrag zwischen dem Ehepaar Martin und Notburga Eisenmann einerseits und Josef und Katharina Streitberger andererseits unterschrieben. Letztere tauschten ihr Christerngut gegen das Schredergut in Kehlbach, das luftlinienmäßig gerade einmal zwei Kilometer entfernt lag. Der neue Christernbauer – die Hofnamen blieben dazumal (und heute noch) bestehen – hieß ab sofort „Eisenmann“, der Schrederbauer in Kehlbach „Streitberger“. Der Wert des Christernguts samt Nebenrealitäten wurde mit 15 000 Schilling beziffert (das entspricht der heutigen Kaufkraft von rund 69 000 Euro), der vom Schredergut mit 14 000 Schilling. Die Differenz erhielt die Familie Streitberger bar ausgezahlt. Beide Güter wurden jeweils „samt allen Rechten und Verbindlichkeiten, in vollkommen leerem Zustand, ohne jegliches lebendes oder totes Zubehör“ getauscht.

Der Abstieg der Familie hatte damit aber noch kein Ende gefunden, denn Josef Streitberger musste den Schrederhof schon nach einem Jahr wieder aufgeben. In der Gemeinde Piesendorf, 20 Kilometer entfernt, bot sich auf 1 000 Meter Seehöhe schließlich ein Lehen an, das übernommen werden konnte. Der Hof befand sich auf einem steilen Hang, er war mühsam zu begehen und kaum ertragreich zu bewirtschaften. Aus heutiger Sicht spiegelt sich der soziale und ökonomische Niedergang wohl schon im Namen „Saulehen" wider. Außen die dicken, dunklen Balken und Wände. Innen die kleinen, düsteren Kammern, eine ausgetretene Holzstiege und winzige Fenster – nicht ganz fest im Stein, im Holz verankert, sodass auch, wenn sie geschlossen waren, der Wind durch das Haus pfiff. Der grobe Lehmboden unten im Flur. Einfache Vorratstruhen und die Brotkiste – all das musste immer gut verschlossen sein, damit sich nicht die Mäuse bedienen konnten. Im Untergeschoß gab es noch einen Stall, der kaum größer als die Stube im Stockwerk darüber war. Eine Handvoll Schweine fand hier wohl Platz, mehr nicht.

Am Wengerberg, oberhalb des Saulehens, entdeckte man bereits im Jahr 1911 einen alten Stollen und noch im Geburtsjahr Franz Streitbergers sollen der sogenannte Hieronymus-Erbstollen und der Saulehen-Stollen befahrbar gewesen sein. Was war der historische Hintergrund für die Errichtung? In der Piesendorfer Gegend hatte man schon vor langer Zeit nach wertvollen Erzen gesucht. Bergeinstiche, zugewachsene Mundlöcher erinnern heute noch daran, dass hier einst Kupfer- und Schwefelkies-Vorkommen zu Tage gefördert wurden. Das Saulehen, so die Vermutung von Matthias Glotz, dem heutigen Besitzer des zum Teil renovierten, zum Teil noch im Original belassenen Gebäudes, wurde daher ursprünglich als Bergwerkhaus von den Arbeitern, darunter waren auch viele Kinder, genutzt, die damals Kupferreste aus den Stollen herausbeförderten. Vielleicht hausten vor der Familie Streitberger im Saulehen die Ärmsten der Armen?

Nur mit ein paar handgefertigten Zierleisten hatte das Ehepaar Josef und Katharina Streitberger den Schlaf- und Wohnraum verschönert. Die Kinder fristeten in engen Verschlägen und schmalen Räumen hinter schweren Türen ihr Dasein, wenn die Arbeit im Freien einmal nicht gefragt oder möglich war. Wie war das für Franz Streitberger und seine Geschwister zu ertragen – die Kälte, gegen die man sich in Tücher gewickelte, heiße Steine unter die Bettdecke legte? Die Feuchtigkeit, die nicht aus den Kleidern wollte? Der brandige Geruch? Und vor allem diese Dunkelheit? Da es kein fließendes Wasser im Haus gab, mussten Franz und seine Brüder es aus einem Brunnen oder von einer halbwegs nahe gelegenen Quelle holen: auch bei eisigen Temperaturen, barfuß, denn Schuhe waren teuer. Hin und wieder wurden von den Gemeinden bescheidene Zuschüsse zum Ankauf von einem Paar Schuhe gewährt. Das war meist aber nur ein Tropfen auf den heißen Stein. Josef Streitberger suchte immer wieder um entsprechende Hilfestellungen an. Im Gemeindeprotokoll von Saalfelden findet sich etwa am 10. März 1928 seine Bitte um „Unterstützung bei der Beschaffung von Lebensmitteln".

Die räumliche Enge im Haus, die ständige Kälte und dazu der Hunger: Das machte wohl auch die Kinder der Familie Streitberger stumm, verschlossen und hart. In diesem Zusammenhang erscheinen Tiere im Stall und vor allem draußen auf der Wiese und im Wald „lebendiger" als vom Leben abgeschnittene Buben und Mädchen stockarmer Eltern. Ob man sich als Kind in so einem Umfeld mit Schafen, Bienen, Vögeln, Fliegen und Mäusen anfreundet? Beneidet man sie um ihre Freiheit?
Franz Streitberger war sein Leben lang ein großer Tierfreund. Wenn später nach dem Krieg eines seiner Kinder oder (Ur-)Enkelkinder bei den Besuchen im Seniorenhaus Farmach einer lästigen „Waps" (Wespe) oder einer summend herumirrenden „Floig" (Stubenfliege) mit der Fliegenklatsche zu Leibe rücken wollte, empörte sich der Urgroßvater richtiggehend: „Ja, bist du narrisch!" Im Garten seines selbst gebauten Hauses hatte er einst ein eigenhändig gezimmertes Vogelhaus aufgestellt. Dort kamen mitunter um die 50 Vögel gleichzeitig angeflogen. Franz Streitberger schien regelrecht jede Vogelart an ihren Gesängen und Verhaltensweisen zu erkennen. Zumindest das verband ihn mit seinem Vater, denn auch Josef Streitberger, erzählte man sich später in der Familie, soll Tiere geliebt haben. Es bereitete ihm eine große Freude, bei der Bienenhütte des Poltenbauern zu sitzen – mit Kautabak im Mund oder die Pfeife rauchend, sich auch einmal einen guten Schnaps gönnend – und dem Summen der Bienen zu lauschen. Manchmal soll er vor lauter Behagen dabei eingeschlafen sein.

In Piesendorf lebte eine Generation vor Franz Streitberger der Grabenhäuslbub Georg Eberl. Er war ein lediges Kind und wurde als „Annehmbub" von Hof zu Hof geschickt, später zum Heer in den Ersten Weltkrieg abkommandiert und machte schließlich als Eisenbahner Karriere. Darüber hinaus begann er auch zu schreiben. In einem Beitrag zur Verteidigung der Regenwürmer notierte er einmal, dass er „außer dem Ungeziefer alle Tiere in gleichem Masse liebe", nicht nur die Ziegen, Kühe, Hennen. Dem hätte Franz wohl kopfnickend zugestimmt – und Vater Josef ebenso.
Über den Dichter Eberl, der in dem Dorf geboren wurde, auf das Franz Streitberger vom Saulehen aus einst hinunterschaute, bemerkte einmal die Salzburger Literaturwissenschaftlerin Silvia Bengesser: „Außergewöhnlich für einen Dorfbewohner war aber Eberls geradezu franzisceische Liebe zur Kreatur, die ihn immer wieder dem Spott seiner Mitmenschen aussetzte. Der ledige Sohn einer Magd, der in den ersten fünf Lebensjahren als ‚Annehmkind', dann im sog. ‚Gabenhäusl' bei Großmutter, Mutter, Stiefvater und sieben ehelich geborenen Geschwistern aufwuchs und sich später, bis zu seinem 18. Lebensjahr, als Schickbub und Jungknecht bei Bauern der Gegend verdingen musste, galt als ‚sonderbarer Kauz', der seine wenigen freien Stunden lieber in der Natur und noch verdächtiger mit Lesen als im Wirtshaus und auf der Kegelbahn verbrachte, und der es ablehnte wie die anderen Männer zu rauchen, zu schnupfen, Karten zu spielen und zu trinken." Diese Tierliebe von der Familie „ausgestifteter", auf sich allein gestellter Kinder – eine unverkennbare Parallele zum Leben Franz Streitbergers.

Alte Aufnahme der Volks- und Bürgerschule in Saalfelden

3

Als „Annehmkind“ am Hof der Familie Herzog in Weikersbach

Als er noch ein Kind war, musste Franz mit seinen Geschwistern betteln gehen. In Saalfelden wie in Piesendorf wusste man über die wirtschaftlichen Probleme der Familie Bescheid. Kein Jahr nach der Übersiedelung nach Piesendorf war klar: Es konnte auch hier, am Hof auf dem steilen Hang, nicht mehr weitergehen. Bei aller erzwungenen Bescheidenheit konnten nicht mehr alle daheim im Saulehen ausreichend versorgt werden. Da half kein Gebet im Herrgottswinkel – Beten war damals eine Pflichtübung – und kein Weinen der Geschwister oder der Mutter mehr. Für den Einzug im Saulehen hatte noch der Bruder von Josef Streitberger, Georg vom Poltengut, der Familie eine Kuh mitgegeben – für die tägliche Milch wenigstens, und ein bisschen Butter. Aber auch das konnte die Armut und den wirtschaftlichen Abstieg nicht aufhalten. Eines Tages sollte, weil die Schulden wieder angewachsen waren, das Tier gepfändet werden. Das war aber gar nicht möglich, da die Kuh des Poltenbauern nur geliehen war. Ein anderer musste „weggegeben" werden, weil nicht mehr alle am Hof mit dem Überlebensnotwendigsten versorgt werden konnten. Einer – das war Franz Streitberger. Er war nicht der Größte, aber kräftig und konnte anpacken; seine Geschwister Apollonia, Anton und Elisabeth waren zu diesem Zeitpunkt zudem noch zu jung.

Ein Kind von daheim, auch wenn es sich um ein armseliges Daheim handelte, wegzureißen – so etwas war ein gravierender Stich ins Herz und musste gleichsam einen Riss in der Seele nach sich ziehen. Vielen Kindern erging es so in den Jahren der Armut und zwischen den beiden Weltkriegen: in Saalfelden, im Pinzgau, in Österreich. „Annehmkinder" nannte man sie, da sie von Menschen, die nicht zur Familie gehörten, „angenommen" wurden. Sollte man aber nicht vielmehr von „Weggebkindern" sprechen? Diese Kinder wurden ja selten aus Nächstenliebe angenommen, sondern weil sie daheim nicht mehr versorgt werden konnten und sie in der Fremde (wieder) als billige Arbeitskräfte herhalten mussten. Die Zieheltern erhielten von den zuständigen Gemeinden finanzielle Zuschüsse für jedes aufgenommene Kind, was auch eine gewisse Popularität und Selbstverständlichkeit dieses Prozederes erklärt. So sollte Franz Streitberger nicht das einzige Kind der Familie sein, das von zu Hause weggegeben wurde – es traf auch seinen drei Jahre älteren Bruder Siegfried, der mit 14 zu einem Bauernhof in Ruhgassing, einer

„Wenn die Streitberger-Kinder kommen, dann gebt ihnen etwas. Die sind nämlich die Ärmsten!“

Die Familienmitglieder hatten in Saalfelden und Piesendorf traurige Bekanntheit erlangt – und Wortmeldungen wie diese waren keine Seltenheit

Ortschaft in Saalfelden, kam. Dort soll es ihm, wie dessen Sohn später zu berichten wusste, aber „richtig gut" gegangen sein.

Eines Tages wurde der mittlerweile elf Jahre alte Franz Streitberger von seiner Mutter zum Weberbauern gebracht. Dazu fuhr sie mit ihm mit dem Postwagen von Piesendorf in das rund 20 Kilometer entfernte Weikersbach, das auch in der Nähe des Schredergutes lag. Fortan war er eines von mehreren „Annehmkindern", über die auf diesem Hof verfügt wurde.

In späteren Jahren sollte Franz erzählen, dass es in der Kammer, in der er untergebracht war, die meiste Zeit kalt und feucht gewesen sei. Aber wenigstens kein Hungern mehr. Zu Tisch gab es eine genau einzuhaltende Ordnung: Nach einem von allen Anwesenden gemurmelten Gebet fing der Bauer demnach immer als erster zu essen an, dann durften die Familienmitglieder mit dem Löffel in die große Schüssel oder Pfanne am großen runden Tisch langen, danach die Knechte und Mägde, schließlich die angenommenen Kinder, die überwiegend an einem eigenen Tisch platziert wurden. Sobald der Bauer den Löffel weggelegt hatte, war die Essenszeit vorbei, auch wenn der eine oder die andere noch gar nichts erwischt hatte. War man zu langsam, wurde ihm oder ihr die Schüssel weggenommen.
Immerhin habe er einmal zu Weihnachten richtige Socken bekommen – die ersten in seinem Leben. Und Schuhe! Endlich musste er nicht mehr barfuß laufen, was vor allem an eiskalten Tagen eine Qual gewesen war. Der Abstieg vom Saulehen auf 1 000 Meter Höhe hinunter in das 250 Meter tiefer gelegene Weikersbach war in Wirklichkeit ein kleiner Aufstieg für den damals noch so jungen Franz.

Das Webergut war seit 1658 als Erbhof dokumentiert, im Besitz und bewirtschaftet bei der Ankunft Franz Streitbergers von Rupert und Maria Anna Herzog. Das Anwesen war respektabel, finanziell fehlte es den Bauersleuten an nichts. In Saalfelden und Umgebung hieß es: „Beim Weber ist das Geld daheim!" Man hörte aber ebenso anderes: „Die Weber sind Geizkragen!" Mit derartigen Zuschreibungen wurden immer wieder auch Ruperts Sohn Hermann Herzog und dessen Frau Theresia bedacht, die 1930 den Hof übernahmen.

Franz Streitberger fügte sich ein und arbeitete, was es zu arbeiten gab. Schuften würde er, bis er 18 Jahre alt und „ein freier Mensch" wäre: an keinen Bauern, an keine Bäuerin und an keine strengen Regeln mehr gebunden. Die eine oder andere Devise vom Weberbauern sollte er allerdings später für sein Leben und für seine eigene Familie übernehmen, Pünktlichkeit zum Beispiel: Um Punkt 12 Uhr müsse immer gegessen werden, keine Minute später.

Zur Arbeit am Hof, auf den Feldern, im Stall und im Wald kam für den jungen Franz bald etwas Neues, für ihn äußerst Wichtiges hinzu: Vermutlich erstmals in seinem Leben durfte er die Schule besuchen. Es lässt sich heute nicht mehr mit letzter Sicherheit feststellen, um welche es sich handelte, aber er selbst erwähnte in den Gesprächen nach dem Krieg die Bürgerschule in Saalfelden. Im Zuge der Schulreformen der Zwischenkriegszeit wurde daraus die Hauptschule, heute Mittelschule. Nach diesen vier Klassen folgten für Franz noch drei weitere in der ländlichen Fortbildungsschule. Der Besuch war ihm allerdings immer nur dann möglich, wenn der Dienst beim Weberbauern Zeit dafür ließ. Arbeiten war des tagtäglichen Überlebens wegen wichtiger als Lernen, im Sommer wie im Winter. Übermüdet saß Franz Streitberger vermutlich oft auf der Schulbank, denn noch vor dem Unterricht musste er im Stall mithelfen, Brennholz sammeln oder die Milch in den Geschäften im Markt abliefern.

Während auf den meisten anderen Höfen der Bauer das Regiment führte, sei es am Webergut seit der Hofübergabe die Bäuerin Theresia (Theres) gewesen. Jedenfalls habe sie dem Gesinde und den Annehmkindern das harte Leben noch mehr vermiest. Die Schimpfnamen, die man ihr hinter ihrem Rücken verpasste, waren offenbar heftige: „Luadaweiwi" oder, noch drastischer, „Sauweiwi". So hart und grob die Bauersleute, als der junge Franz zu ihnen kam, auch gewesen sein mögen, damals vor hundert Jahren, in der brisanten, beschwerlichen Zwischenkriegszeit, so herzlich und hilfsbereit sollten die heutigen Besitzer des Weberguts Jahrzehnte später dem Urenkel Adrian Goiginger begegnen …

Geld war, so sprach es sich zumindest herum und das war gleichfalls der Eindruck Franz Streitbergers, auch nach der Übergabe an die nächste Generation genügend vorhanden: Der neue Hofbesitzer Hermann Herzog wirtschaftete gut, sein Gesinde arbeitete bis zum Umfallen und die Knechte mussten, wenn im Haus oder im Stall gezimmert wurde, alte, nicht mehr benötigte Nägel aus Balken und Brettern ziehen und sie für das nächste anstehende Bauvorhaben verwenden, dass nur ja kein Geld für den Erwerb neuer Nägel und Stifte ausgegeben werden musste.

Immer wieder aber habe es Probleme mit Theres Herzog gegeben: Sie selbst sei stets gerne in den Markt zum „G'wandln", also zum Einkaufen von Gewand, gegangen, habe aber für die anderen Menschen am Hof keine Schuhe erübrigen können. Offenkundig ging sie ebenso mit den Dienstboten schroff um, auch dann noch, als sie und ihr Mann als Altbauern schon im Ausgedinge lebten. (Darunter würde man heute eine Form der frühen „Altersversorgung" verstehen, die vor allem in der Landwirtschaft der damaligen Zeit verbreitet war: Der Hofbesitzer übertrug seinen Besitz an die nächste Generation, in der Regel an eines seiner Kinder, und erhielt im Gegenzug Anspruch auf lebenslange Versorgung und Wohnrecht auf dem Hof.) Wenn bei der Arbeit am Hof etwas schief ging, wenn jemand schwer erkrankte – ständig habe Theres geätzt: „Do hot enk da Herrgott g'stroft!"
Einmal habe die Bäuerin den Franz sogar dermaßen gereizt, dass er ihr eine schallende „Watschn", eine Ohrfeige mitten ins Gesicht, gegeben habe. Nun könnte man vermuten, dass der Bauer den Buben daraufhin vor die Tür setzte oder ihn, wie es damals noch so üblich war, zumindest ebenso geschlagen hätte. Der Weberbauer war „zwar hart, aber er war kein Unmensch", erinnerte sich später Franz an die Zeit zurück. Jener habe nur mit ernster Miene gesprochen: „Du darfst dem Reserl nichts tun!"
Wurzelt der vergleichsweise zurückhaltende Umgang Hermann Herzogs darin, dass Franz Streitberger auch für den Weberbauern schlichtweg eine unentbehrliche Arbeitskraft darstellte? Empfand er gar so etwas wie ein wenig Mitgefühl für ihn, der, würde man heute sagen, sich gerade in der beginnenden Pubertät, im Übergang vom Jugendlichen zum Mann, befand und an sich ja überaus schüchtern war? Besonders wütend habe es Franz gemacht, dass ihn die Bäuerin immer „waschen wollte". Das war ihm über alle Maßen widerwärtig, dagegen habe er sich einfach wehren müssen.

Am 4. Mai 1932 brannte der Weberhof wegen Brandstiftung bis auf die Grundmauern ab, was auch in der Chronik der Saalfeldener Feuerwehr nachzulesen ist. Bereits seit 1928 war zunehmend darüber berichtet worden, dass die Gemeinde immer wieder Opfer von Brandserien wurde: unter anderem der Altenbergbauer, der Dechantstadel, die Wachszieherei Riedelsperger, der Totengräberstadel sowie der Schweinestall und das Wohnhaus der Brauerei Blattl. Einmal überführte man die Totengräberin der Brandstiftung, ein anderes Mal einen „geistesgestörten Mann".
Das Feuer soll die Bäuerin Theres Herzog den Kindern wie folgt erklärt haben: „A brennade Katz' is' durchs Haus g'lauf'n!" Nach dem Unglück musste das Webergut komplett neu aufgebaut werden. Die Tagelöhner, Knechte, Mägde und Annehmkinder seien dabei „bis an die Grenzen ihre Körperkraft gefordert" worden, wie später ein Nachkomme der Weberbauer-Familie zu erzählen wusste.

Die Jahre als Annehmkind am Webergut in Saalfelden-Weikersbach waren für Franz Streitberger belastend und herausfordernd. Aber irgendwann waren auch sie vorbei. Der junge Franz war zwischenzeitlich zu einem kräftigen, geschickten Arbeiter herangewachsen – voller Hoffnung, dass endlich das „richtige Leben" für ihn beginnen würde. Inwiefern wagte aber seine Familie zu dieser Zeit überhaupt noch, hoffnungsvoll in die Zukunft zu blicken? Anfang der 1930er Jahre mussten seine Eltern auch das „verluderte Saulechgütl", wie es in einem Dokument heißt, aufgeben. Dazumal nahmen Verwandte aus der großen Streitberger-Sippe den kleinen Rest der Familie auf, in einem kleinen Haus in der Nähe der Dilling-Säge in Pfaffing (Ortsteil von Saalfelden). Doch die allgemeinen Lebensbedingungen und zeithistorischen Krisen sollten sich noch weiter verschärfen.

Franz Streitberger (7. v. l.) unter vielen weiteren jungen Pionieren, Lehener Kaserne, Salzburg 1936

4

Arbeitslosigkeit und Eintritt in das österreichische Bundesheer im Austrofaschismus

Die Weltwirtschaftskrise, die durch das Platzen einer großen Spekulationsblase an der New Yorker Börse im Jahr 1929 ihren Anfang nahm, sollte das Leben der Menschen weltweit drastisch verändern. Rasend schnell verlor das Geld in der Folge seinen Wert, in den USA genauso wie in Österreich. Viele Familien, in den Städten wie am Land, wurden in bittere Armut gestürzt. Wer viel besessen hatte, besaß nun wenig, und wer ohnehin nicht viel gehabt hatte, dem blieb fast gar nichts mehr. Wer gerade noch einen halbwegs florierenden Besitz sein Eigen nennen konnte, sah sich häufig dazu gezwungen, diesen um einen lächerlich geringen Gegenwert zu verkaufen, besser gesagt zu verscherbeln.

Die Auswirkungen waren bis in das Folgejahrzehnt zu spüren. Im Jahr 1933, heißt es in der Saalfeldener Ortschronik, „befanden sich im Bundesland Salzburg 906 land- und forstwirtschaftliche Liegenschaften in Konkurs. Der überwiegende Teil, nämlich 766 Konkurse, betraf die Gebirgsgaue. Dazu kamen noch 76 Betriebe, die unter Zwangsverwaltung standen. Auch in Saalfelden wurden manche Güter versteigert, wobei häufig Tiroler Bauern als Kunden auftraten …“ In den Aufzeichnungen eines Saalfeldener Bauern aus demselben Jahr ist dieser dramatische Bericht zu finden: „Bis 12. Mai hab ich 13 Pfändungen gehabt. Habens mich um mein ganzes Vieh gebracht, und am 19. August 1933 hab ich die Zwangsversteigerung gehabt. Gott sei Dank niemand gekommen.“ Derartiges Unglück kam selten allein: „Und am selben Tag ist um 4 Uhr nachmittag ein Rieselwetter gekommen und hat den ganzen Weizen und Hafer zusammengehaut … Am 7. Oktober 1933 beim Kalben eine Kuh samt Kalb hingeworden und noch dazu am 17. Dezember ist mir das Stallgebäude abgebrannt … sämtliche Schlitten, Wägen und Werkzeug, dass mir nix mehr übergeblieben ist als Haus und Vieh.“

Es war eine Zeit, die wie schon nach dem Ersten Weltkrieg im Zeichen drastischer Geldentwertung und Arbeitslosigkeit stand: Das brachte auch mit sich, dass in Saalfelden nahezu täglich Bettler von Hof zu Hof zogen. Manchmal ließ ein Bauer ein paar von ihnen im Stall oder am Heuboden schlafen und sie bekamen dann sogar ein Stück Brot und eine Schüssel Suppe. In einer Saalfeldener Brauerei etwa „wurde jeden Abend ein großer Kübel Gerstensuppe zur Verteilung“ bereitgestellt.

Das waren lobenswerte Versuche, Armut und Hunger ein bisschen zu mildern, mehr aber auch nicht.

1935 war Franz Streitberger 18 Jahre alt und fand, wie so viele junge Männer in seinem Alter, keine Arbeit. Einige kamen, wie er selbst, von Bauernhöfen oder auch von Handwerkerbetrieben, wo sie nicht mehr gefragt waren, da bei den Mitarbeitern gespart werden musste. Bauernknecht oder Tagelöhner für ein Stück Brot und „einen krummen Buckl" wollte Franz aber nicht mehr sein. Eine grundlegende Verbesserung der Lage zeichnete sich ebenfalls nicht ab, im Gegenteil: Unruhige Zeiten langen hinter den damals noch so jungen Leuten wie Franz, und was noch kommen sollte, war ungewiss, beziehungsweise ließen die Entwicklungen und Anzeichen bereits Böses erahnen, hatte doch in den letzten Jahren der kurzlebigen Ersten Republik ein Klima der politischen Radikalisierung und Verrohung um sich gegriffen.
Nationalsozialistische Umtriebe hatte es in Saalfelden früh gegeben – noch im Jahr 1922 schlossen sich Christlichsoziale, Nationalsozialisten und der Bauernbund kurzfristig zu einer Wahlgemeinschaft gegen die Sozialdemokratie zusammen. Bereits drei Jahre später gelang es den Nationalsozialisten mit fünf Vertretern, in die Gemeindevertretung des Marktes Saalfelden einzuziehen.
Im Folgejahrzehnt intensivierten sich die Agitationen gegen die politischen Gegner. Am 19. Juli 1932 beispielsweise, damals war Franz gerade einmal 15 Jahre alt und noch Hilfsknecht beim Weberbauern, kam es in Saalfelden zu einer heftigen Auseinandersetzung zwischen Mitgliedern der Nationalsozialistischen Partei und sich öffentlich bekennenden Kommunisten und Sozialdemokraten. Genau vor dem Schulhaus begannen an die 50 Menschen wild zu raufen und konnten erst durch den Einsatz von Gendarmen auseinandergetrieben werden. Zu solchen Auseinandersetzungen kam es den Quellen nach öfter.
1933 folgte das landesweite Verbot der NSDAP, deren frühe Gefolgsleute zahlenmäßig aber (weiterhin) eine nicht zu übersehende Gruppe darstellten: In Saalfelden wurden während der „Verbotszeit" noch 103 illegale nationalsozialistische Parteimitglieder gezählt. Im Oktober 1936 wurde hier etwa ein unzustellbares Paket geöffnet, in dem sich nationalsozialistische Broschüren befanden – woraufhin ein 18-jähriger Tischlergehilfe festgenommen wurde. Sein Geständnis und das seiner

Verbot der NSDAP in Österreich
1933

Kameraden führten letztlich zur größten Aufdeckung der Hitler-Jugend in der Zeit der Illegalität: Rund 70 junge Leute aus Saalfelden, Zell am See, Kaprun, Taxenbach und Rauris wurden folglich angezeigt.

Auch abseits des nationalsozialistischen Aufkeimens hatte sich die politische Situation in Österreich nach der sogenannten Selbstausschaltung des Parlaments am 4. März 1933 – die drei damaligen Nationalratspräsidenten waren zurückgetreten – zugespitzt. Bundeskanzler Engelbert Dollfuß verhinderte folglich unter Militärgewalt ein neuerliches Zusammentreten der Abgeordneten, womit er für den demokratischen Todesstoß verantwortlich zeichnete.

Dollfuß regierte fortan mithilfe der „Vaterländischen Front", einer überparteilichen Zusammenfassung der „regierungstreuen" Kräfte, autoritär, schränkte die Presse-, Versammlungs- und Meinungsfreiheit ein und schaltete seine politischen Gegner aus. Die KPÖ wurde als erste Partei verboten. Im Februar des Folgejahres kam es zum Bürgerkrieg und zum Verbot der Sozialdemokratischen Arbeiterpartei, der Freien Gewerkschaften und aller weiteren sozialdemokratischen Organisationen; in Saalfelden wurde etwa der rote Bürgermeister Josef Riedler abgesetzt. Es folgten Massenverhaftungen und der Vollzug der Todesstrafe. Mit der Proklamation der sogenannten Maiverfassung begann 1934 die Ära des austrofaschistischen „Ständestaates": Die Republik war zur Diktatur geworden, ein Staat ohne Parteien (mit Ausnahme der „Vaterländischen Front") und ohne demokratisch gewähltes Parlament.

In diesem zeitlichen Umfeld, Ende September 1935, als sich das Regime auch zusehends dem Thema Wiederaufrüstung widmete, standen viele junge Männer, darunter auch Franz Streitberger, also wieder einmal beisammen, am Dorfplatz in Saalfelden – ohne Zukunftspläne und ohne große Hoffnung auf eine baldige Besserung ihrer Situation. Da aber stieß jemand mit einer wichtigen Nachricht zu ihnen: Er habe gerade auf einem Flugblatt gelesen, dass man sich zum österreichischen Bundesheer melden könne. Wer drei Jahre blieb, so das Versprechen, habe Anspruch auf einen „Staatsdienst", also auf eine sichere Stelle im öffentlichen Dienst. „Wir haben uns alle gemeldet", erzählte der Urgroßvater später: „Endlich wieder Arbeit, Lohn und Aussicht auf bessere Zeiten."

„Saalfelden ist für die Strategie nazistischer Kopfjäger und für den Export des braunen Giftschleimes ein sehr gelegener Ort. Das nächstgelegene Steinerne Meer mit seinen natürlichen Wirrnissen und Verstecken mit den getarnten Schutzhütten des Alpenvereines bildet geradezu das Traumland und ist die beste Einschleichgelegenheit für die politischen Gangster vom Reich."

Salzburger Wacht, 23. August 1933

Ein paar Wochen später, am 4. November 1935, war es dann schon so weit: Beim Bahnhof in Saalfelden fanden sich haufenweise junge Männer aus dem Oberpinzgau, aus Unken, Saalfelden und anderen Gemeinden ein, um in das vielversprechende „Abenteuer Bundesheer" einzutauchen. Schließlich brachte der Zug „zwei Waggons voller Männer", die nicht wussten, was sie erwartete, aber froh waren, dass sie überhaupt etwas erwartete, in die Stadt Salzburg.

Die Lehener Kaserne am linken Salzachufer, nicht weit vom Hauptbahnhof entfernt, würde ihr neues Zuhause sein. Aus der mächtigen Kaserne, die der berühmte Stadtbaumeister Jakob Ceconi geplant hatte und die 1899 eingeweiht wurde, sollte über ein halbes Jahrhundert später das II. Bundesgymnasium und Bundesrealgymnasium werden, das heute Christian-Doppler-Gymnasium heißt. „Dort bin ich in die Schule gegangen", ist der Enkelin Franz Streitbergers später einmal bei einem Gespräch im Seniorenheim schlagartig bewusst geworden. Wo Franz als Teil des Pionierbataillons Nr. 8. seine ersten Exerzierübungen vollzog und des Nachts Wache stehen musste, hatte sie, Helga, Englisch, Mathematik oder Geschichte gelernt – auch, was in dieser Zeit noch nicht allzu selbstverständlich war, über die beiden Weltkriege.

Zur Lehener Kaserne gehörte damals auch ein Pionierübungsplatz. Dort trainierten die jungen, freiwilligen Rekruten beispielsweise den Bau von Behelfsbrücken quer über die Salzach von einem Ufer zum anderen, etwa vom Franz-Josef-Kai zum Josef-Mayburger-Kai, meistens von den interessierten Blicken von Salzburger Anrainerinnen und Spaziergängern begleitet: eine wichtige Arbeit, falls irgendwann einmal ein Krieg ausbrechen sollte, woran kaum einer der kräftig zupackenden Männer zu diesem Zeitpunkt gedacht habe, auch Franz Streitberger selbst nicht.

Dass diese drei Jahre, für die sie sich verpflichtet hatten, nicht einfach werden würden, war den Rekruten von Beginn an klar. Aber das habe kaum einen von ihnen „geschreckt", allein die Kameradschaft unter den vielen Gleichgesinnten habe bereits gutgetan. Nicht zuletzt dem Urgroßvater, auch wenn er nicht bei den „abendlichen Sauftouren" am Salzachufer oder in der Altstadt dabei gewesen sei oder wie viele der Männer „einen Tschick nach dem anderen" in der dienstfreien Zeit geraucht habe. Die Sache mit dem Ausgang „war gar nicht so leicht", vor allem, wenn „einen die Vorgesetzten im Visier hatten". Zum Beispiel sei einem Kameraden eines Tages im Herbst, nachdem er etwas angestellt hatte, aufgetragen worden, die von den Kastanienbäumen heruntergefallenen Blätter im Hof der Lehener Kaserne zusammenzukehren. Erst nach getaner Arbeit dürfe er das Areal verlassen. Doch kaum war er mit dem Kehren fertig, musste er feststellen, dass zwischenzeitlich jede Menge neue Blätter auf den Boden gerieselt waren. Der Kamerad hatte seine Arbeit noch immer nicht beendet, als die anderen kurz vor dem Zapfenstreich wieder heimkehrten: „Schikane, pure Schikane!“

Als Franz Streitberger in der Kaserne seinen Dienst antrat, war er laut Gesundheitsblatt 164 Zentimeter groß und wog 64 Kilogramm. Ein Jahr später wurde seine Größe auf 166 Zentimeter, sein Körpergewicht mit 67 Kilogramm bemessen. In seinem späteren Leben, im Seniorenhaus Farmach in Saalfelden, sollte der Urgroßvater dann täglich noch sein eigenes medizinisches Protokoll schreiben: Gewicht, Blutdruck – alles penibel in seiner schönen Schrift festgehalten.
Was war in dem überlieferten Dokument sonst noch vermerkt? „Beruf: Landarbeiter ... Augenfarbe: blau ... Pupillen: rund“. In der Spalte „Besondere Merkmale“ ist zu lesen: „Schnittnarben linker Vorderarm; Schnittnarbe rechtes Knie“. Die hatte er sich wohl bei der Arbeit am Bauernhof, auf dem Feld beim Viehhüten oder im Wald beim Holzhacken zugezogen, noch am Christerngut oder beim Saulehen. In der Spalte „Besondere Kenntnisse und Geschicklichkeiten“ steht: „Rad-, Skifahren, Bergsteigen“.

Am 16. Dezember war es dann so weit: Gemeinsam mit seinen Kameraden legte der Pionier Franz Streitberger auf dem Appellierplatz der Lehener Kaserne in Salzburg den Fahneneid ab.

Franz Streitberger (3. v. r.) mit Kameraden des Truppenübungsplatzes „Wattener Lizum" in Tirol, 1937

5

Von den Ausbildungen zum Kraftradlenker und Freischwimmer zu einem Unfall bei der Schießstätte in Glanegg

Im zweiten Bundesheerjahr kamen zwei wesentliche Befähigungen hinzu: Franz Streitberger wurde Freischwimmer und geprüfter Kraftradlenker.

Schwimmen lernte der Urgroßvater in der Donau, die, von Deutschland kommend, durch Österreich fließt und nach dem Durchqueren der Slowakei, Ungarns, Kroatiens, Serbiens, Rumäniens, Bulgariens, Moldaus und der Ukraine in das Schwarze Meer mündet. Diese Länder hießen dazumal zum Teil noch anders und deren Grenzen waren mitunter andere – sie aber sollte auch Franz Streitberger zu einem Teil noch später im Zweiten Weltkrieg durchqueren, per Bahn oder auf einem Kraftrad.
Eines Tages wurden die jungen Pioniere aus der Kaserne Lehen mit einer Zille ein Stück in den Donau-Seitenarm im niederösterreichischen Melk gerudert. Dann hieß es: „Reinspringen! Schwimmen!" Gegen Ende des Krieges war Franz mit seiner Einheit vermutlich der 2. Fallschirmjäger-Division unterstellt. Jedenfalls sollte er in einem Flieger irgendwo über den Niederlanden dann ähnlich knappe militärische Anweisungen vernommen haben: „Rausspringen! Fallen!" Ohne das alles „je geübt zu haben", wie er selber später erzählte, das eine wie das andere: Schwimmen, dass man nicht ertrinkt – und die Leine ziehen, dass man landet, ohne sich das Genick oder die Beine zu brechen.
Manche der Männer wollten nicht ins Wasser oder trauten sich schlichtweg nicht. Sie wurden dann von ihren Vorgesetzten einfach von der Zille in die Donau geworfen. Traf es auch Franz Streitberger? – „Nein, ich bin schon selbst gesprungen!"
Am 9. Juli 1936, in jenem Sommer, als in Berlin die Olympischen Sommerspiele – die berüchtigten „Nazi-Spiele" – stattfanden, legte Franz Streitberger in Melk schließlich seine Freischwimmerprüfung „im Sinne der Vorschrift für die Körperausbildung" beim österreichischen Bundesheer mit Erfolg ab. Dass er sich bei einem Kopfsprung an einem Stein am Donauufer eine blutende Wunde am Kopf zuzog, spielte dabei keine Rolle.

Wie aber kam Franz zu seinem Motorrad-Führerschein? Eines Tages hatte er seinen ersten Urlaub vom Heer bewilligt bekommen. In dieser Zeit wurde eine Gruppe von Interessierten zusammengestellt, die in Wien

und Stockerau (Niederösterreich) den Kraftradlenkerkurs absolvieren sollten. Da hätte auch der Urgroßvater „liebend gerne mitgemacht", aber die Teilnehmer waren „bereits mehr oder weniger ausgewählt". Nur mehr zwei Fahrschulplätze waren noch zu vergeben – bei mehreren Dutzend Wartenden. Der zuständige Kommandant hatte, wie es der Urgroßvater später beschreiben würde, „eine geniale Idee": Melden sollten sich für die beiden noch offenen Plätze der Älteste und der Jüngste der Rekruten. Franz war der Jüngste.
Der Kurs in Wien begann am 12. Oktober und endete am Heiligen Abend 1936. Am Silvestertag legte der Urgroßvater erfolgreich seine nächste Prüfung ab, bekam die Lenkerberechtigung und war damit „ermächtigt, ein Kraftrad mit Explosionsmotor mit und ohne Beiwagen" zu führen. Das Motorrad sollte in seinem Leben, im privaten wie im militärischen, noch eine große Rolle spielen.

Zwischen Freischwimmer- und Kraftradlenker-Prüfung, also zwischen Melk und Stockerau, ereignete sich am Bundesheer-Schießplatz in Salzburg-Glanegg dann aber etwas, das die zuständige Militär-Bürokratie haarklein auf etlichen Schreibmaschinenseiten samt mehrfachen Durchschlägen festhalten sollte. Was war geschehen?
Am 31. August 1936 bekam der Pionier Franz Streitberger gemeinsam mit vier Kameraden im Wald oberhalb der Schießstätte Glanegg – diese existiert heute noch – die Aufgabe zugeteilt, Steine aufzuklauben und in einen Graben zu werfen, „… durch den wir sie talwärts laufen lassen konnten. Ich stand an der linken Grabenseite und hatte bald nichts mehr zu arbeiten. Daher sprang ich kurzerhand über den Graben nach rechts, wo noch viele Steine lagen." Mit den Steinen sollte die Zielerdeckung für den Schießplatz erbaut werden. Franz Streitberger schaute sich nicht um, schon traf ihn ein Stein am Kopf. Er erlitt eine blutende Rissquetschwunde, war benommen und wurde im Wachgebäude mit Wasser und Hoffmannstropfen versorgt, außerdem legte man ihm einen Verband an.
„An dem Unfall", gab der Urgroßvater weiter zu Protokoll, „dürfte ich wohl selbst schuldtragend sein, weil ich meine Kameraden hätte aufmerksam machen können, dass ich über den Graben springen wollte. Fremdes Verschulden liegt keinesfalls vor."

Der den Stein in den Graben geworfen und Franz am Kopf getroffen hatte, war sein vier Jahre älterer Bruder Matthias, der ebenfalls in Salzburg bei den Pionieren eingerückt war. Dieser berichtete: „Mein Bruder stand ungefähr drei Meter weiter unten als ich und war mir durch ein Gebüsch verdeckt. Ich schaute noch, ob jemand im Graben war, bevor ich den Stein warf und genau in dem Augenblick, als ich den Stein ausließ, sprang mein Bruder aus dem Graben."
Ein Bruder warf dem anderen einen Stein an den Kopf: fast eine Kain-und-Abel-Geschichte, wobei am Schießplatz in Glanegg nicht die geringste Spur von Absicht im Spiel gewesen war. Ein gewisser Leutnant Gramm, der in den historischen Archivalien auch genannt wird, fügte seiner Beobachtung der Szene hinzu: „… ich legte mit Wachtmeister Untersteiner dem Pionier einen Kopfverband an. Nach der Anlage des Verbandes erholte sich der Verletzte sehr rasch. Er nahm mit gutem Appetit sein Mittagessen ein und konnte dann mit dem inzwischen eingetroffenen Schnellastwagen in die DSA [Anm.: Divisions-Sanitäts-Anstalt] gebracht werden." Im medizinischen Endgutachten steht: „Rissquetschwunde über dem linken Scheitelbein – geheilt mit 1 cm langer Narbe ohne Komplikation."
Die penibel überlieferten Aufzeichnungen zeigen, welch grundlegender Wert der Disziplin und dem Befehlsgehorsam im Heer zugemessen wurde. Diese Geschichte ging für die beiden Brüder, die am gleichen Tag, dem 4. November 1935, zum selben Verband in dieselbe Kompanie eingerückt waren, noch einmal gut aus.
Matthias Streitberger kam am 8. September 1943 bei einem Gefecht in Montenegro ums Leben.

Am 11. Jänner 1937 wurde Franz Streitberger in die Kaserne St. Johann im Pongau zur 2. Artillerieabteilung des Artillerie-Regiments Nr. 8 versetzt. Die Kaserne war erst zwei Monate davor offiziell eingeweiht worden und trug ab März 1937 den Namen „Krobatinkaserne". Warum existierte diese hier erst seit so kurzer Zeit? Bis zum Ende der Monarchie waren Kasernen primär in den Landeshauptstädten und an den Grenzen des Reiches errichtet worden. Zwischenzeitlich hatte man aber einige wegen der Beschlüsse der Friedensverträge nach dem Ersten Weltkrieg aufgelassen oder für zivile Zwecke umgewidmet. Ab 1933 sollte allerdings, wie bereits erwähnt, das austrofaschistische Regime die

Wiederaufrüstung zunehmend vorantreiben. Beispielsweise ließ man auch abseits der Landeshauptstädte Kasernen errichten. Im Pongau im Speziellen beabsichtigte man mit dem Bau auch der grassierenden Arbeitslosigkeit zu begegnen.

Aus dem Pionier war bald der Kanonier Franz Streitberger geworden. Er erlernte den Umgang mit der Feldhaubitze, der Kanone, die auf einer Lafette, einem fahrbaren Gestell, aufgesetzt ist. Und er musste das Laden und Feuern, das Errechnen und Einrichten des Schusswinkels an den Zielvorrichtungen, üben, falls doch einmal ... Aber von einem Krieg „wollte keiner etwas wissen", erzählte zumindest später der Urgroßvater.

Franz Streitberger bewährte sich offenkundig bei vielen Aufgaben im Militär, wurde er doch rasch vom Kanonier zum Vormeister (Gefreite bei der Artillerie) befördert.

Franz Streitberger und Susanne Wittib, 1939

6

Der „Eid auf den Führer“, die Zeit als Lehrling und erste Begegnungen mit der späteren Ehefrau

Am 12. März 1938 marschierten deutsche Wehrmachtstruppen auf Adolf Hitlers Befehl hin, ohne dass sie auf Widerstand gestoßen wären, in Österreich ein, einen Tag später wurde der „Anschluss" an das Deutsche Reich administrativ vollzogen. Für den Soldaten Franz Streitberger wurde spätestens am 14. März alles anders, als er und alle anderen österreichischen Bundesheersoldaten den „Eid auf den Führer" ablegen mussten. Der Vormeister Streitberger wurde zum Obergefreiten befördert. Für die deutsche Wehrmacht bedeutete die Eingliederung des österreichischen Bundesheeres mit seinen knapp 60 000 Soldaten am 15. März im Zuge eines Heeresbefehls eine enorme organisatorische Herausforderung. Unverzüglich begann die personelle Umstellung der Bundesheerführung – ausgeschlossen wurden jene, die man nach dem „Anschluss" fortan aus Gründen „politischer Unzuverlässigkeit" sowie wegen ihrer „rassischen" Herkunft verfolgte. Bis 1945 sollten rund 1,3 Millionen Österreicher in die Wehrmachtsteile Heer, Luftwaffe und Marine eingezogen werden. Das waren knapp 40 Prozent der damaligen männlichen Bevölkerung hierzulande. Eine Viertelmillion würde den Krieg oder die Gefangenschaft nicht überleben.

Am 13. Juni folgte eine Versetzung zur Luftwaffe, genauer gesagt zur Flakartillerie nach Linz. Dann aber heißt es bereits unter dem Datum „31. Juli 1938" in Franz Streitbergers Grundbuchblatt mit der Nummer 48.224: „Aus dem aktiven Wehrdienst entlassen …" Es gab ein, wie sich zeigen würde, nur kurzes Durchschnaufen für den Urgroßvater, denn knapp mehr als ein Jahr später sollte der Zweite Weltkrieg entfesselt werden. Den Einberufungsbefehl hatte Franz zu diesem Zeitpunkt bereits erhalten.

Blicken wir aber noch einmal zurück: Am 6. April 1938, einen Monat nach dem „Anschluss" Österreichs an Nazi-Deutschland, war Adolf Hitler mit seinem Gefolge nach Salzburg gekommen und hatte sich unter dem tobenden Applaus der Bevölkerung durch die Straßen der Stadt chauffieren lassen. Damals hätten sich „alle gefreut", er selbst auch, sollte der Urgroßvater später erzählen. „Jeder" habe bald „wieder Arbeit gehabt" und „die alten Menschen wurden betreut und versorgt." Aber „dass der einen Krieg anfängt und dann nicht mehr aufhören" würde, damit habe „niemand gerechnet". So Franz in den Gesprächen im

Seniorenheim Jahre nach dem Krieg. Er hatte wohlgemerkt das Glück, dass er im vom nationalsozialistischen Regime postulierten Konstrukt der „Volksgemeinschaft“ nicht zu den „Gemeinschaftsfremden“, nicht zu den Ausgegrenzten, Entrechteten, Verfolgten und Ermordeten gezählt wurde.

Der Urgroßvater war an diesem 6. April 1938 extra mit einer Artillerieeinheit samt Geschützen von St. Johann in die Mozartstadt verlegt worden, eingeteilt zum Absperrdienst rund um das Hotel Österreichischer Hof, heute Hotel Sacher. Auf dem Weg dorthin waren ihm und den anderen Männern jede Menge deutscher Soldaten entgegengekommen. „Heil, Kameraden!“, war hier und da zu vernehmen.

Hitler hielt an diesem Tag im Festspielhaus eine Rede, die über Lautsprecher und Radio zu hören war: „… in wenigen Monaten schon wird durch dieses Land der Rhythmus des neuen Schaffens und der neuen Arbeit gehen und in wenigen Jahren wird dann der Gedanke an Sozialdemokratie und Kommunismus wie ein böses Phantom aus der Vergangenheit schwinden und man wird nur noch darüber lachen …“ Dass Franz Streitberger nach dem Krieg einmal Eisenbahner, Gewerkschaftsmitglied und Sozialdemokrat werden sollte, wusste er selbst zu diesem Zeitpunkt noch nicht.

Mit dem „Anschluss“ kam die Zeit, da Kinder in der Schule „Heil Hitler!“ sagen mussten. Taten sie es nicht, bekamen sie Ohrfeigen. Man musste nun zunehmend Acht geben, was man sagte, vor allem gegen Hitler, die Nationalsozialisten – und später dann auch gegen den Krieg. Am 3. Oktober 1938, als Franz Streitberger gerade seine Lehre bei einem Zimmerermeister angetreten hatte, wurde ein Viktualienhändler aus Saalfelden verhaftet, weil er in einem Wirtshaus die Gäste aufgefordert hatte, nicht einzurücken, wenn es wirklich zum Krieg komme. Dann wären die Kämpfe auch bald wieder zu Ende. Für die Gendarmen, die davon erfuhren, waren das „kommunistische Ideen“. Das Urteil: drei Jahre Zuchthaus, anschließend die von der Gestapo (Geheime Staatspolizei) veranlasste Überstellung in das KZ Sachsenhausen, schließlich in das KZ Dachau, wo er 1942 starb. Ein kühnes, offenes Wort im Wirtshaus gesprochen – und schon drohten Zuchthaus, Konzentrationslager, Tod.

„Jetzt geht das Sterben noch einmal los!“ Ein Saalfeldener Zeitzeuge erinnerte sich genau an diesen Satz: Anton Haslinger, damals zehn Jahre alt, hatte am 1. September 1939 mit seinem Vater zwei Pferde von der Alm bei Fusch an der Glocknerstraße nach Saalfelden zu bringen. In Thumersbach (Zell am See) machten sie beim Lohninghof Zwischenstation. Da wurde gerade die Rede Hitlers mit der Kriegserklärung an Polen im Radio ausgestrahlt. Der alte Lohninger selbst war es, der das Wort ergriff: „Jetzt fangt der ganze Saustall noch einmal an!“ Er hatte Glück, dass ihn niemand verriet.
Und am 4. November 1939 – zu diesem Zeitpunkt war Franz Streitberger bereits in Polen im Kriegseinsatz – erklärte ein Kaminkehrergehilfe, KPÖ-Anhänger, im Gasthof Brücklwirt in Saalfelden gegenüber deutschen Soldaten: „Wenn ich einmal an die Front muss, dann schieße ich auf keinen Franzosen, sondern weiß, wohin ich schieße!“ Das brachte ihm zunächst acht Monate Haft wegen Vergehens nach dem „Heimtückegesetz“ ein. Dieses war bereits fünf Jahre zuvor erlassen worden und schränkte das Recht auf freie Meinungsäußerung grundlegend ein, indem sämtliche Äußerungen (willkürlich) kriminalisiert wurden, die angeblich das Wohl des Reiches, das Ansehen der Reichsregierung oder die NSDAP schwer schädigten. Gegen Ende des Krieges wurde der Verurteilte wegen „Wehrkraftzersetzung“ hingerichtet.
Man könnte noch viele andere Beispiele nennen, auch noch dieses: Eine 33-jährige Saalfeldener Serviererin soll eines Tages in einem Gasthaus in Bad Gastein geäußert haben: „Der Führer räumt alles zusammen; das Mandl hat schon den Größenwahn!“ Und dann noch: „Österreich wird wieder frei werden!“ Ob sie das wirklich so gesagt hat, bleibt ungeklärt. Denunziert, „vernadert“ wurde sie jedenfalls von einer Arbeitskollegin, die kurz davor entlassen worden war. Staatsfeindliche Aussagen seien das gewesen, war sich das Gericht sicher. Auch die drei Entlastungszeuginnen halfen nicht: Die Saalfeldenerin wurde zu zehn Monaten Zuchthaus verurteilt. Es waren unruhige, brandgefährliche Zeiten, überall in der „Ostmark“, wie Österreich nun heißen sollte, und damit eben auch im damaligen Reichsgau Salzburg und in der Bauern- und Eisenbahnergemeinde Saalfelden.

„Am nächsten Tag sind wir wieder zurückgefahren zur Kaserne in St. Johann“, erinnerte sich später der Urgroßvater. Das war der 7. April

„Ich schwöre bei Gott diesen heiligen Eid, dass ich dem Führer des Deutschen Reiches und Volkes, Adolf Hitler, dem Oberbefehlshaber der Wehrmacht unbedingten Gehorsam leisten und als tapferer Soldat bereit sein will, jederzeit für diesen Eid mein Leben einzusetzen."

Der sogenannte Führereid

1938. Ausgestattet war er nun mit einem gestickten Abzeichen mit Hoheitsadler und Hakenkreuz auf der rechten Brustseite der Uniform, als Bestätigung dafür, dass er und seine Kameraden ab sofort Soldaten der Wehrmacht waren. In Linz bei der Flakartillerie mussten sie sich noch einer militärischen „deutschen Umschulung", wie Franz es später bezeichnete, unterziehen, „nichts Großes". Dann wurden die neuen österreichischen Wehrmachtssoldaten offiziell entlassen und konnten sich zwischen zwei Optionen entscheiden: entweder beim Militär bleiben und „interessante Kurse mit sehr guten Karriereaussichten" absolvieren, wie man es ihnen schmackhaft machte, „oder heimgehen". Der damals 21 Jahre alte Franz wollte nicht mehr bleiben und kehrte zurück nach Saalfelden. Dass der große Krieg bereits geplant wurde und er ein Jahr später unfreiwillig wieder einrücken müsste, davon hätten die Kameraden, die Soldaten blieben, „genauso wenig Ahnung gehabt wie die, die heimgegangen sind".

Zimmerer oder Tischler wollte Franz Streitberger nun werden. Er lernte, arbeitete und wohnte damals bei seinem Handwerksmeister in Saalfelden. Das war auch die Zeit, als er seine spätere Frau Susi kennenlernte. Susi hieß mit vollem Namen Susanne Wittib und arbeitete in Saalfelden in der Weberei „Höttl" am Webstuhl, während Franz sich im Tischlerhandwerk bei seinem Zimmermeister übte. Susanne Wittibs täglicher Weg mit dem Rad von daheim, in der Nähe des Bahnhofes, in die Fabrik führte an der Zimmerei vorbei. Ob der Urgroßvater zufällig oder absichtlich jedes Mal zu einer bestimmten Uhrzeit vor der Tür stand, sodass sich die beiden zwangsläufig einmal (und immer wieder) sehen mussten? Dieses Geheimnis versteckte er später in den Gesprächen im Seniorenheim stets hinter seinem Spitzbubenlachen. Manchmal schob Susanne Wittib auch ihr Rad am Zaun, der zur Zimmerei gehörte, vorbei. Oder sie ging zu Fuß, dann sahen sie sich ein paar Sekunden länger. Bis er sie eines Tages ansprach und fragte, ob sie nicht einmal mit ihm ins Kino gehen wolle. Sie wollte. „Wahrscheinlich hat sie mich wegen meinem Motorradl mögen!" Der ganze Stolz Franz Streitbergers war seine „fesche 200-Kubik-Maschine". Diese war eigentlich unerschwinglich für einen armen Burschen wie ihn, er hatte sie sich vom Mund abgespart. Als der damals noch so junge Urgroßvater für seinen Meister in Zell am See arbeitete, gab ihm die Meisterin für die Zugfahrt von

Saalfelden nach Zell und retour täglich 1 Mark und 10 Pfennige mit – die Reichsmark hatte mit dem „Anschluss" den Schilling als Währung abgelöst. Dazu erhielt er noch eine weitere Mark für das Mittagessen und eine Jause für den Vormittag. Franz sparte den gesamten Betrag, er fuhr nämlich gar nicht mit der Bahn, sondern legte die Strecke mit dem Fahrrad zurück: 15 Kilometer hin, 15 Kilometer zurück, „auch bei ärgstem Schneefall und sibirischer Kälte". Und anstatt sich eine Brotzeit zu kaufen, aß er die Vormittagsjause zu Mittag. Meister und Meisterin bekamen nichts davon mit, auch dann nicht, wenn der Lehrbub das Abendessen nur so in sich hineinstopfte. Die Chefin sagte dann höchstens: „Na, Franzl, heit' host wieda an Hunga!"

Ein Jahr lang sparte Franz Streitberger Fahrt- und Essensgeld, darüber hinaus hatte er ein wenig vorher schon auf die Seite legen können. Im Sommer war es dann so weit: Er fuhr mit seiner späteren Braut in der Gegend herum, auf seinem eigenen Motorrad. Dass die zwei Jahre jüngere Susi bereits ein Kind hatte, machte dem Urgroßvater nichts aus. Der Bub, Erhard hieß er, wuchs bei ihrer Mutter, ebenfalls einer Susanne Wittib, auf.

Bildcollagen wie auf der folgenden Doppelseite umfassen Fotos, die Franz Streitberger selbst im Krieg geschossen hat, sowie weiteres Material aus Privat- und Archivbeständen. Die dazugehörigen Bildunterschriften finden sich im Anhang auf S. 136.

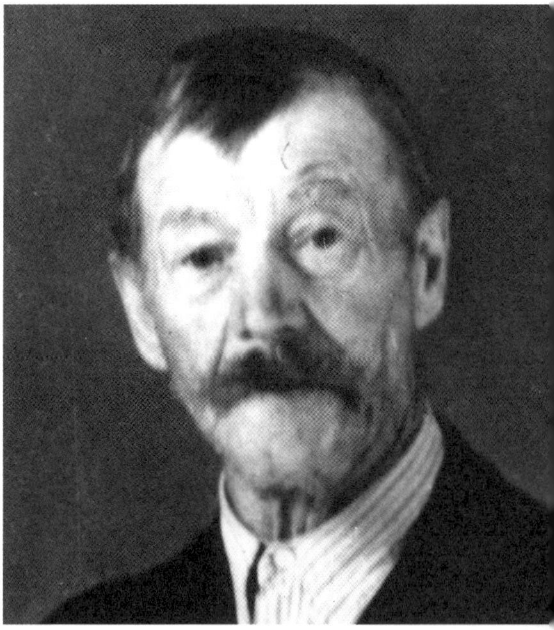

Franz Streitberger auf einer seiner zahlreichen Fahrten als Kradmelder

7

Der Einsatz als Kradmelder in Polen und erste Kriegsgefangene in der Heimat

„... 's Motorradl ho i' bei an' Bauan z'legt und vasteckt unta da Strah, bevua i' ei'g'ruckt bi'. Wia i' z'ruckkemma bi', ho i's wieda g'hoit, ho i' oiss z'sammbaut – schee – bi' wieda g'foahr'n. Hot koa Mensch g'wisst, wo des is'!"

[„... das Motorrad hatte ich bei einem Bauern zerlegt und unter der Streu versteckt, bevor ich eingerückt bin. Als ich zurückgekommen bin, habe ich es wieder hervorgeholt, alles zusammengebaut und bin damit wieder gefahren. Kein Mensch hat gewusst, wo es war!"]

Ein Einschreibbrief beendete das junge Glück und die Zimmerer-Laufbahn Franz Streitbergers abrupt. Am 28. August 1939, drei Tage vor dem deutschen Überfall auf Polen, musste er zur Wehrmacht einrücken. Franz war zu diesem Zeitpunkt kein freiwilliger Rekrut mehr wie noch vier Jahre zuvor, als er sich vom österreichischen Bundesheer hatte anwerben lassen.

Franz Streitberger war nun zum Kriegseinsatz verpflichtet. In seinem Stammblatt ist zu lesen: „Streitberger Franz, Zimmermann … Anschrift der nächsten Angehörigen: Josef Streitberger, Niederhaus 2, Saalfelden … Größe: 168 … Gestalt: kräftig … Haarfarbe: d'blond … Mundart: Salzburgisch … Besondere Ausbildung: Österreich. Stutzen 95 [Anm.: ein Repetiergewehr], M. G., Pistole, Karabiner 98 K, Führerscheine I und II, Freischwimmerzeugnis“.
Franz war mittlerweile 22 Jahre alt und seit dem Eintritt in das österreichische Bundesheer (1935) um vier Zentimeter gewachsen. Wie aber sah es in seinem Inneren aus? Wie und inwiefern „wächst“ man charakterlich in so einem Umfeld?

In Wien fand er sich jedenfalls bald unter Tausenden anderen jungen Männern in einer großen Montagehalle wieder. Da waren Führerscheinbesitzer, Kraftfahrer, Taxler, aber auch Hunderte Motorräder, mit und ohne Beiwagen. Der Urgroßvater durfte sich eines aussuchen und wählte eines von BMW mit Beiwagen. Das eigene Motorrad hatte er vor der Abfahrt nach Wien gänzlich zerlegt und heimlich bei einem Bauern im Stall unter der Streu vergraben. Niemand wusste von diesem Versteck. Erst sechs lange Jahre später, nach Ende des Krieges und der Kriegsgefangenschaft, würde Franz die Teile ausgraben und seine Maschine wieder zusammenbauen …

Aus Wiener Neustadt schrieb er als Soldat des Flieger-Ergänzungs-Bataillons 17 im September 1939 seiner Susi in Saalfelden eine Postkarte. Es handelte sich um eine der wenigen, die nach seinem Tod unter seinen Habseligkeiten zum Vorschein gekommen sind. Dem Schreiben nach habe er es „immer sehr eilig“, fahre er doch nun eine Beiwagenmaschine in Wien und der Umgebung. Die letzten Zeilen: „Den Rechtsverkehr werde ich auch wieder langsam gewöhnt. Es grüßt dich dein Franz. Brief folgt. Grüße an Eltern. Auf Wiedersehen.“

Was hat es hier mit Franz Streitbergers Anmerkung zum Rechtsverkehr auf sich? War er nur den Linksverkehr gewöhnt? Tatsächlich pflegte man in vielen Ländern dereinst noch die Fahrt auf der linken Seite. Das hat damit zu tun, dass der erste „Straßenverkehr" nicht Autos, sondern Pferde in den Mittelpunkt der Überlegungen stellte: Um beim Aufsatteln nicht mitten auf der Straße zu stehen (die meisten Menschen waren, wie heute, rechtshändig, der Aufstieg geschah daher überwiegend von links), ritt man auf der linken Straßenseite. Diese praktische Notwendigkeit des Linksverkehrs geriet mit dem Aufkommen von Kraftfahrzeugen natürlich zunehmend in den Hintergrund. Im Jahr 1926 beschloss das Parlament, auf den Straßen österreichweit den Rechtsverkehr einzuführen, was die meisten Bundesländer auch zügig umsetzten. Nur in Wien ließ man sich bis 1938 Zeit.

Interessant und zugleich kurios ist, dass in den 1930er Jahren auf der Pinzgauer Straße bei Lend die Straßenseite gewechselt werden musste. Der Grund liegt darin, dass das heutige Land Salzburg die Umstellung auf den Rechtsverkehr nicht einheitlich durchmachte: Die für den Transitverkehr relevanten Abschnitte wie der Bezirk Zell am See oder das Gasteinertal hatten bald den Rechtsverkehr eingeführt, in Anlehnung an die Entwicklungen in Deutschland und Italien. Im Rest des Bundeslandes fuhr man hingegen längere Zeit noch links.

Franz Streitberger hatte bei der Lenkerausbildung 1936 in Stockerau das Linksfahren gelernt, nun musste er selbst in Wien und Umgebung mit seiner Beiwagenmaschine rechts fahren. Für ihn sei das allerdings, wie er sich nach dem Krieg erinnerte, kein allzu großes Problem gewesen.

Nach einer kurzen Einschulung auf der Beiwagenmaschine und für seine Tätigkeit als Kraftradmelder (Kradmelder) – er bezeichnete sich in den Gesprächen selbst immer wieder auch als „Kurierfahrer" – kam Franz mit seinen Kameraden nach Wiesbaden (Hessen). Die ganze Kompanie, mehr als 100 Mann, wurde in einem ehemaligen Tanzsaal in einem Gasthof untergebracht. Schlafen musste man auf dem Stroh, das auf dem nackten Fußboden aufgeschüttet worden war. „Wenigstens Decken gab es."

Der Zweite Weltkrieg wurde mit dem deutschen Angriff auf Polen am 1. September 1939 entfacht. Wie es offiziell hieß, hätten polnische Soldaten tags zuvor den Rundfunksender in der oberschlesischen Stadt

„Liebe Susi, hab erst heute deine Antw. erhalten. Hab mich natürl. sehr gefreut, besonders weil du wieder besser auf bist. Also ich hab es jetzt immer sehr eilig, fahr eine Beiwagenmaschine, muss oft Tag und Nacht fahren, Wien und Umgebung."

Brief von Franz Streitberger an Susanne Wittib, Wiener Neustadt, 6. September 1939

Gleiwitz (heute Gliwice) überfallen. In Wahrheit war dieser Vorfall von der SS inszeniert worden, um einen Propaganda-Vorwand für den Einmarsch der Wehrmacht zu schaffen.

Was war Franz Streitbergers Aufgabe im Zuge seines Einsatzes in Polen? „Ja, mein Gott, Post überbringen. Kurierpost!", würde er später seinem Urenkel zur Antwort geben. Post überbringen – das klingt so einfach. Damals im Krieg, als es noch nicht die heutigen modernen Kommunikationsmittel gab, war der Kradmelder ständig in höchster Gefahr, da mit der Ausschaltung eines solchen immer auch ein empfindlicher Schlag gegen die Kommunikationskanäle der gegnerischen Truppen gelang. Der Urgroßvater musste wichtige Nachrichten so schnell wie möglich von Ort zu Ort transportieren, immer wieder quer durch das Feindgebiet. Franz war ein leidenschaftlicher und wohl auch geschickter Motorradfahrer, verfügte über einen guten Orientierungssinn und konnte – was besonders wichtig war – ausgezeichnet militärische Straßen- und Geländekarten lesen. Kradmelder wie er wurden bei der Wehrmacht daher auch nicht nur als Überbringer von Nachrichten eingesetzt, sondern überhaupt als Erkunder.

Bis zur Kapitulation Polens dauerte es kaum länger als einen Monat. Danach wurde das Land zwischen dem Deutschen Reich und der Sowjetunion aufgeteilt. Die Ereignisse wirkten bis nach Saalfelden, denn seit Beginn des Feldzugs hatten sich hier und in den anderen Pinzgauer Gemeinden zunehmend auch zahlreiche Kriegsgefangene wiedergefunden. Sie waren die billigsten Arbeitskräfte: Ausgebeutete, Ausgelieferte, Rechtlose – nicht nur im Kriegsgebiet, auf besetztem Territorium, sondern gleichsam in der Heimat. Weil so viele Männer zur Wehrmacht einberufen und in den Krieg abkommandiert worden waren, herrschte auch zu Hause im Pinzgau bald schon ein eklatanter Arbeitermangel. In jedem Gewerbe, vor allem in der Landwirtschaft, wurden Hilfskräfte dringend benötigt. Zunächst hatte man die Kriegsgefangenen daher zum Dienst als Landarbeiter verpflichtet. Wurde man einem „nachsichtigen" Bauern zugewiesen, ließ sich ein den Umständen entsprechend halbwegs erträgliches Leben führen, vorausgesetzt, man arbeitete nach Leibeskräften und machte keine Schwierigkeiten. Viele Zwangsarbeiter erwischten es aber sehr schlecht. Dass sie gänzlich unfreie Menschen

waren, konnte man bereits rein optisch leicht erkennen, weil man sie gebrandmarkt hatte mit einem „P“ für „Pole“ oder, später dann, einem „OST“ für „Ostarbeiter“, worunter man sowjetische Gefangene verstand. Sie mussten die jeweiligen Buchstaben gut sichtbar auf der Kleidung tragen, so wie Jüdinnen und Juden den gelben Davidstern. Für das NS-Regime waren sie alle nichts als „minderwertig“.
Durch die 1940 in Kraft getretenen „Polen-Erlasse“ sollten vor allem unerwünschte Kontakte zwischen Deutschen und polnischen Zwangsarbeitern sowie Kriegsgefangenen verhindert werden. Ihnen war nun etwa auch der Besuch von Gaststätten und Tanzveranstaltungen sowie die Nutzung öffentlicher Verkehrsmittel verboten. Nach diesem Vorbild erließen die NS-Behörden im Jahr 1942 die „Ostarbeiter-Erlasse“, die mit noch schärferen Bestimmungen aufwarteten: Dazu zählte beispielsweise das Verbot, den Arbeitsplatz zu verlassen, Geld und Wertgegenstände zu besitzen und vieles mehr. So stand etwa auf Geschlechtsverkehr mit Deutschen zwingend die Todesstrafe. Sogar ein umfassendes Ausgehverbot wurde beschlossen, aber nicht alle Saalfeldener Dienstgeber hielten sich daran. Die mit der Arbeit ihrer „Leibeigenen“ Zufriedenen gönnten ihnen dann und wann ein paar Stunden Freiheit und Erholung außerhalb der Arbeits- und Wohnstätte und am Sonntag sogar, wenn gewünscht, den Gang zur heiligen Messe.
Am 31. Juli 1942 waren in Saalfelden 322 Fremdarbeiter registriert, davon 150 Franzosen, 82 Polen, 64 Russen, 17 Ukrainer und 9 „Sonstige“. In einem Protokoll der NS-Behörden stand, die Menschen ganz auf ihre Schaffenskraft reduzierend: „Die Zivilarbeiter sind einzeln bei den Bauern in absperrbaren Kammern untergebracht. Die Arbeitsleistung ist allgemein zufriedenstellend.“

Einsatz in Frankreich, Ort unbekannt, 1940

8

Das Sterben an der Westfront und in Saalfelden

„Do host koa Ångst, obwoi dass d' iwaråi g'seh'n host, dass die Dod'n umanånnt g'leg'n san, wos obg'schoss'n hom ..."

[„Da hast du keine Angst, auch wenn du gesehen hast, dass überall die Toten herumgelegen sind, die abgeschossen wurden ..."]

Wir kehren wieder zurück von der Heimat- an die Kriegsfront: Am 9. April 1940 initiierte das Deutsche Reich den Überfall auf Dänemark und Norwegen, wo vier Jahre später Franz Streitbergers Bruder Anton als Soldat der Kriegsmarine in der Hafenstadt Rørvik vermisst gemeldet werden würde. Der Angriff stand im unmittelbaren Zusammenhang mit der Tatsache, dass die zahllosen Lieferungen von Eisenerz aus Schweden über den ganzjährig eisfreien norwegischen Hafen Narvik aus wirtschaftlichen und militärischen Erfordernissen für das Deutsche Reich von zentraler Bedeutung waren: Man fabrizierte daraus beispielsweise Stahl für Geschütze, Panzer und U-Boote. Lieferungsblockaden durch England oder Frankreich hätten schwerwiegende Folgen für die gesamte deutsche Kriegsplanung nach sich gezogen.

Noch während in Norwegen gekämpft wurde, startete im Frühjahr 1940 der sogenannte Westfeldzug. Zwischen dem 10. Mai und dem 22. Juni besetzten deutsche Truppen die Beneluxländer und Frankreich. Franz Streitberger kam in dieser Zeit wiederum als Kradmelder zum Einsatz. „Die Nachtfahrten waren gefährlich", erinnerte er sich nach dem Krieg an die „Fahrten auf schmalen Wegen. Und oft kam noch eine Reifenpanne am Motorrad hinzu." Der Urgroßvater, so würde er es später zumindest selbst schildern, „bewahrte aber die Ruhe, flickte den Reifen zusammen, jedes Mal" – und fuhr dann einfach weiter. Empfand er dabei so etwas wie Angst? „Da hast du keine Angst!", betonte er in den Gesprächen. Obwohl er immer wieder – im Wald, am Wegrand – an toten, erschossenen Kameraden vorbeifahren musste. Franz Streitberger hatte seine Touren dann fortzusetzen, so schnell wie möglich waren die Nachrichten zu überbringen, den Befehlen gehorchend. Sogenannte Befehlsverweigerer wurden unversehens Opfer der NS-Militärjustiz und im günstigsten Fall mit einer Freiheitsstrafe, häufig aber mit dem Tod bestraft.
In Frankreich aber, erzählte Franz später einmal, waren es „schöne Fahrten, oft über tausend Kilometer, mit und ohne Beiwagen". Schöne Fahrten? Allein, im Dunklen und in höchster Gefahr, aus dem Hinterhalt gestoppt oder erschossen zu werden?

Eines Nachts in Frankreich im Jahr 1940 fuhr der Urgroßvater seine Kradmelderstrecke, allein, wie immer. Der holprige Weg führte durch einen Wald. Weil der Gurt seines Stahlhelms am Kinn so unangenehm scheuerte und die Haut wund rieb, öffnete er den Lederriemen – nun saß der Helm lose auf seinem Kopf. Plötzlich verspürte er einen heftigen Schlag, der Stahlhelm flog ihm vom Kopf und fiel zu Boden. Franz Streitberger bremste sofort erschrocken ab. Da entdeckte er das scharfe Seil, das soeben noch von einem Baum zum anderen gespannt gewesen war, mitten auf dem Weg. Und noch etwas: einen Toten, der auf der Erde lag, sein Kopf abgetrennt wie durch eine Guillotine oder ein Samuraischwert. Entsetzen. Den geköpften Kameraden konnte der Urgroßvater nicht mehr retten, aber er konnte andere vor dieser Falle bewahren. In Windeseile montierte Franz, wie er selbst die Szene später eindrücklich schildern sollte, das Seil von den Bäumen ab. So seltsam das klingt: Es war sein erstes Glück, dass er nur einsachtundsechzig groß

war; das mörderische Seil war auf die Halshöhe von größeren Männern festgezurrt gewesen. Sein zweites Glück war, dass er den Helmriemen nicht zugezogen hatte. Sonst wäre auch ihm „der Kopf abgerissen worden“. Ob er voller Furcht gewesen war, dass sich irgendwer zwischen den Bäumen versteckt haben könnte und sich auf ihn hätte stürzen können? Sprach man Franz später nach dem Krieg auf seine Ängste an, wurden solche stets verneint, so auch in diesem Fall: „Da fürchtet man sich nicht. Komisch.“
Die Nachtfahrten waren grundsätzlich besonders herausfordernd, musste schließlich ohne Licht gefahren werden. Die Scheinwerfer der Motorräder waren mit Lederkappen abgedeckt. Damit zumindest ein bisschen etwas gesehen werden konnte, waren in diese kleine Lichtschlitze geschnitten. „Wenn es ganz schlimm geworden ist, hat man auch die Schlitze schließen müssen.“ Dass dabei „nur selten Unfälle passierten“, mag erstaunen. Recht viel schneller als 50 km/h sei man allerdings meist nicht gefahren. Und dennoch – mit 50 im Blindflug durch die völlige Finsternis …

Im Jahr 1940 war Franz Streitberger an der Nordwestküste Frankreichs stationiert. Im Zuge des Westfeldzuges fiel die Bretagne im Juni nahezu kampflos an die Truppen des Deutschen Reiches, das in der Folge an der gesamten Küste und am Ärmelkanal an der Errichtung des „Atlantikwalls“ arbeitete und die französischen Hafenstädte zu regelrechten Festungen ausbauen ließ. Aus der Region erreichten einige Postkarten auch Susanne Wittib in Saalfelden, darunter etwa folgende vom 3. Juli aus Morlaix: „Liebe Susi, deinen lb. Brief vom 15.6. gestern mit vielem Dank erhalten. Schicke dir nur schnell eine Karte, bis ich Zeit habe zum Antworten. Ich kam von Paris nach Le Mans, und gestern, 2.7., fuhren wir nach Morlaix, das liegt an der Küste. Also wenn du dir mal eine Karte ansiehst, so suche ganz westlich am äußersten Spitz von Frankreich. Die Engländer besuchen uns auch manchmal, sonst ist hier nichts los. Gesund bin ich immer noch. Wie hast deinen Urlaub verbracht? Warst du … [Anm.: unleserlich]? Dein Franz“. Das alles hatte der Urgroßvater natürlich in Kurrent, der bis zur Mitte des 20. Jahrhunderts gebräuchlichen deutschen Schreibschrift, notiert. „Die Engländer besuchen …“ – diese aus heutiger Sicht regelrecht harmlose Wortwahl wurde von den Soldaten erwartet, damit sich die Angehörigen daheim

nicht zu sehr sorgten. Das letzte Wort des Briefes ist verwischt und nicht mehr lesbar. „Warst du radeln?“ Oder heißt es doch „almen“ oder „üben“? Wie verbrachte Susi tatsächlich ihren Urlaub?
Aus der längst besetzten Hauptstadt hatte der Urgroßvater bereits zuvor an „das Fräulein Susanne Wittib (Adresse: Bahnhof 166, Saalfelden, Salzb., Ostmark, Deutschland)“ lediglich geschrieben: „Aus Paris grüßt dich dein Franz.“ Am 14. Juni 1940, morgens um halb sechs, hatten die ersten deutschen Soldaten das Stadttor Porte de la Villette erreicht. Paris war zu diesem Zeitpunkt schon so gut wie menschenleer. 700 000 Menschen hatten Hals über Kopf, mit Sack und Pack in überladenen Autos oder zu Fuß die Flucht ergriffen. Am 22. Juni folgte bereits ein Waffenstillstand, der einer Kapitulation gleichkam. Die deutsche Besatzung sollte bis zum 25. August 1944 andauern.

Noch weitere Postkarten finden sich im Privatarchiv der Familie: eine Karte an Susi aus Angouleme, wo Franz „auch eine Nacht zugebracht“ hatte, oder aus der Region Nouvelle-Aquitaine im Westen des Landes sowie eine aus Straßburg, in der Franz festhielt: „Ist wunderschön hier. Nur an dich muss ich immer denken!“ Dazu kommen noch eine weitere von der Côte d’Émeraude nahe St. Malo und eine aus Rennes, die folgendermaßen schließt: „Die herzlichsten Grüße aus Rennes sendet dir dein Franz. Auf Wiedersehen?“ Das Fragezeichen auf der Karte klingt wie ein Seufzer. Aber auch in diesem Brief findet sich kein Wort über den Krieg, die Besetzung Frankreichs oder das Zusammentreffen mit den Menschen vor Ort.

Briefe oder Karten zu schreiben, war damals nicht ungefährlich: von wo auch immer an wen auch immer. Feindliche Briefspione versuchten, Sendungen abzufangen, und die Zensurbehörden waren heftig am Werken. Dabei zählte der Briefverkehr zwischen der Kriegs- und Heimatfront zu den wichtigsten Zerstreuungsmöglichkeiten. Die Briefe der Angehörigen bildeten eine wesentliche moralische Stütze, weshalb signifikante logistische Aufwände betrieben wurden, damit die Post die Soldaten und damit auch Franz Streitberger regelmäßig erreichte. Die Überwachung war allgegenwärtig: Die jeweiligen Feldpostprüfstellen gingen, wenn es notwendig erschien, dabei so vor, dass der Empfänger glauben konnte, etwaig durchgestrichene oder unkenntlich gemachte

Wörter stammten vom Schreiber selbst. Allerdings war eine lückenlose Zensur kaum umsetzbar – angesichts der bis zu 40 Milliarden Sendungen, die im Krieg verschickt wurden. Man konnte daher nur stichprobenartig die Inhalte der Briefe kontrollieren. Die Soldaten sollten jedenfalls stark darauf achten, keine militärischen Geheimnisse (etwa den Namen von Einheiten) oder genauere Angaben zu ihrem Aufenthaltsort preiszugeben.
Eine gewisse Bekanntheit erlangte in diesem Zusammenhang etwa der verhängnisvolle Briefwechsel zwischen dem einst an der Ostfront eingesetzten Soldaten Wilhelm Kronewitter und seinem Vater Andreas aus Zell am See. „Hier staubt es oft ganz schön", hatte der Sohn im Juli 1943 geschrieben, „die Russen brechen oft mit wenig Mann durch zwei Linien, wir haben rein gar nichts mehr …" Worauf der Vater seinem Sohn antwortete: „Ist es Dir nicht möglich, dass Du irgendwie zurückkommst, denn ich befürchte, dass ihr eingekreist werdet, da ich die ganze Front überblicke." Diese Zeilen hatte er nicht einmal in einem Brief, sondern in einem in Inneren des Feldpostpäckchens überklebten Karton notiert. Alle Vorsicht war umsonst, es folgte die Anklage wegen „Wehrkraftzersetzung". Den Vater verurteilte man zum Tode, er wurde hingerichtet, den Sohn zu einem Jahr Gefängnis.

Der Tod an der Front, worüber Franz später in seinem Leben so wenig erzählte, war allgegenwärtig, genauso wie der Tod daheim in Saalfelden, von dem er nichts mitbekommen konnte: Die nationalsozialistische Ausgrenzungs-Maschinerie lief auf Hochtouren. Wer nicht ins System passte, wurde eliminiert. So gab man etwa Menschen mit körperlicher oder geistiger Behinderung der Vernichtung preis. Am 17. und 18. April 1941 wurden in insgesamt vier Transporten der Nervenheilanstalt Salzburg auch einige Saalfeldenerinnen und Saalfeldener in die Tötungsanstalt Schloss Hartheim bei Linz überstellt und dort in der Gaskammer ermordet. Umgekommen sind auf diese Weise Peter Zehetner (Alter: 69), Elise Pfeffer (30), M. Hirschbichler (41) und Sidonie Prudic (63). „Euthanasie" („schöner Tod") nannte man auf euphemistische Weise diese Vernichtung „unwerten Lebens". Wenn schon kein schönes Leben, so die menschenverachtende Begründung der Nationalsozialisten, dann wenigstens ein „schöner Tod" durch das Gas.

Immer wieder wurde auch Saalfelden Schauplatz von Hinrichtungen: Am 8. Jänner 1942 etwa wurde ein polnischer Zwangsarbeiter, dem eine Beziehung zu einer Magd in Saalfelden nachgesagt wurde, erhängt, wobei die Exekution von zwei seiner Landsleute vollzogen werden musste. Zur Abschreckung hatten alle polnischen Zwangsarbeiter an dem Toten vorbeizugehen. Die Magd wurde laut Saalfeldener Chronik in ein Konzentrationslager deportiert.
Einen anderen polnischer Zwangsarbeiter erhängte man in einem Wäldchen des Ortsteils Bsuch. Auch ihm wurden geschlechtliche Kontakte mit einer Einheimischen zur Last gelegt. Das Perfide: Vor seiner Hinrichtung hatte man ihm im Gasthaus „Hirschenwirt" noch eine „Henkersmahlzeit" serviert.

Auch lebten Mitglieder heimischer Widerstandsbewegungen in ständiger Gefahr. Im Pinzgau zählten die Eisenbahner zur größten Gruppe – sie waren gewerkschaftlich gut organisiert; sowohl Sozialdemokratinnen und Sozialdemokraten wie auch Kommunistinnen und Kommunisten leisteten Widerstand. Da der Eisenbahn für die organisierte Fluchthilfe und bei der Verteilung illegaler Materialien eine bedeutsame Stellung zukam, waren die Gruppierungen besonders bei Bahnknotenpunkten im Raum Zell am See und auch in Saalfelden aktiv. Am 27. Februar 1942 wurden etwa die Saalfeldener Georg Wörgötter, Johann Kröll, Karl Ettel, Paul Lürzer, Ludwig Thurner, Franz Dillinger, Anton Wimmer, Karl Reinthaler, Lothar Pointner und Peter Mitteregger aus Kaprun von der Gestapo festgenommen. Die meisten von ihnen waren Eisenbahner, der Vorwurf: Mitgliedschaft in einer illegalen KP-Organisation.

Von all diesen Geschehnissen und den Bedrohungen in der Heimat konnte Franz im Grunde nichts wissen. Susi hatte ihm nichts über die Lage daheim berichtet, zumindest ist in den überlieferten – und folglich einst auch übermittelten – Briefen nichts davon zu lesen. War sie besonders vorsichtig? Wie es ihr wohl erging, so lange ohne ihren Franz, den sie in den Kriegsjahren nur mehr ganz selten zu Gesicht bekommen sollte?

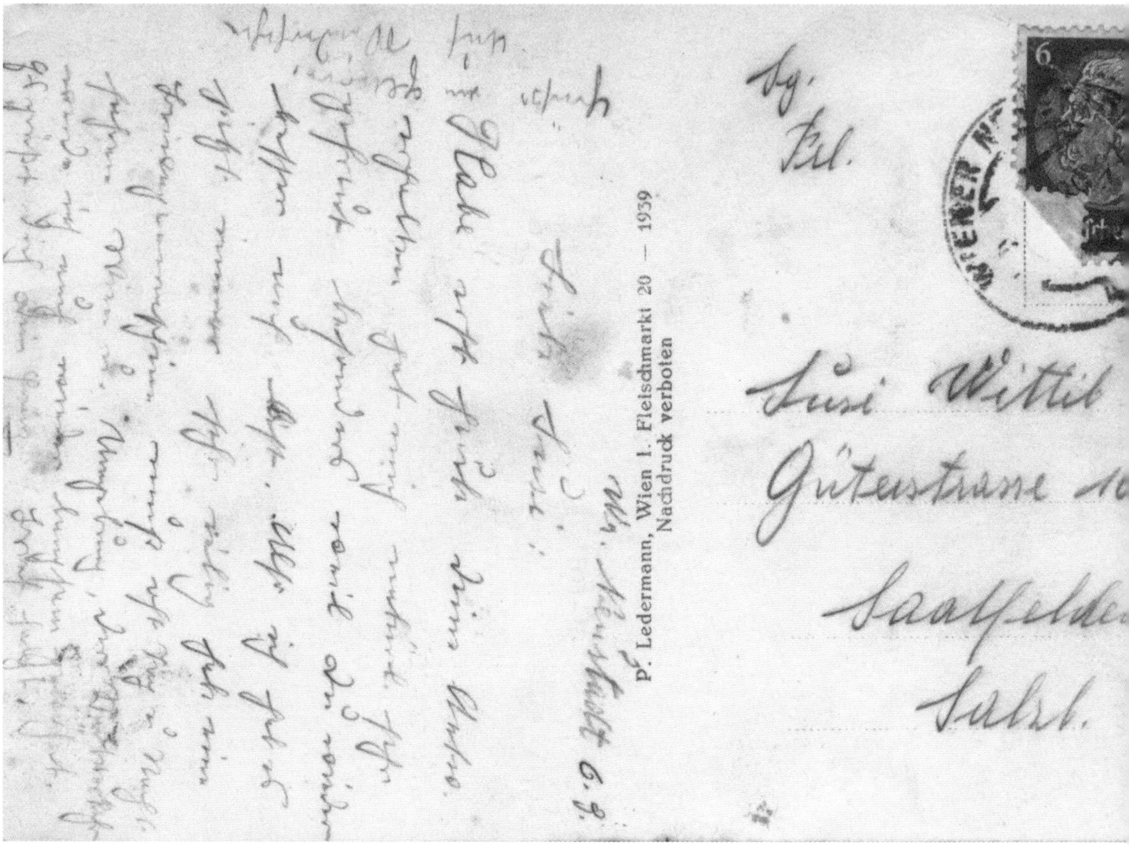
P. Ledermann, Wien I. Fleischmarkt 20 — 1939
Nachdruck verboten
Güterstrasse
Salzb.

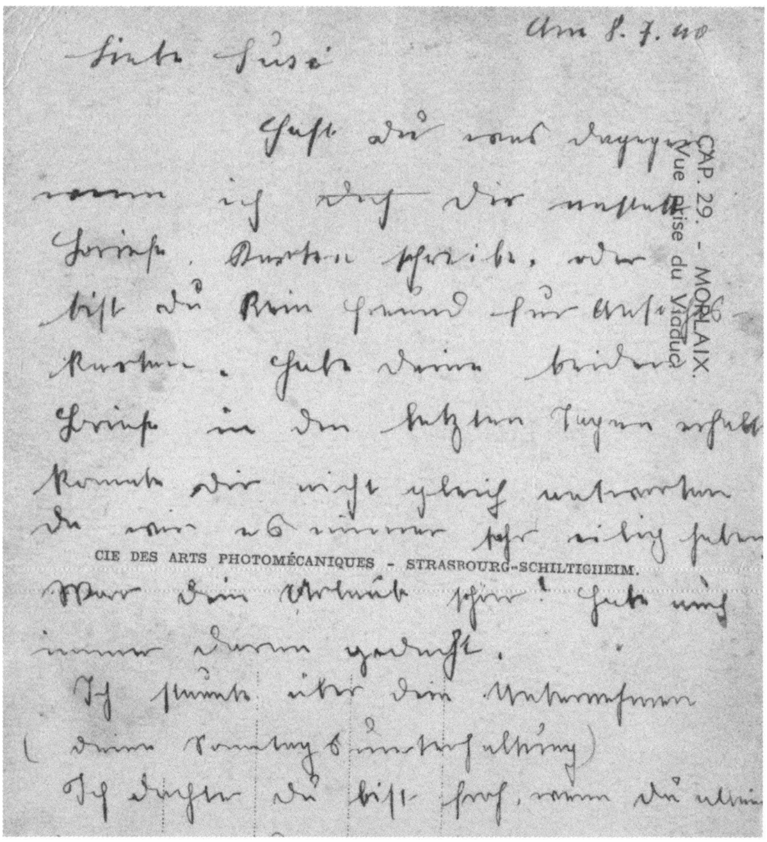
Am 8. 7. 40
Liebe Susi
CAP. 29. - MORLAIX.
Vue prise du Viaduc
CIE DES ARTS PHOTOMÉCANIQUES - STRASBOURG-SCHILTIGHEIM.

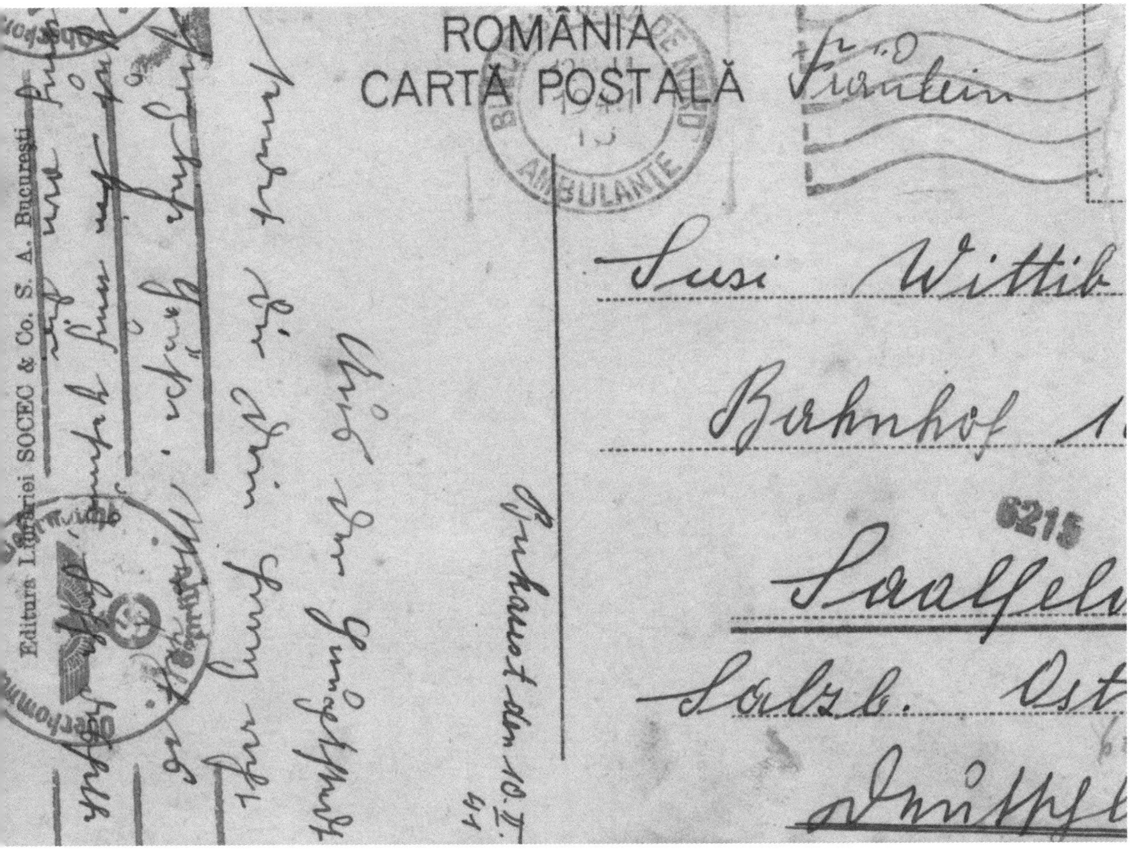
ROMÂNIA
CARTĂ POSTALĂ
AMBULANTE
Editura Librăriei SOCEC & Co. S. A. Bucureşti
Susi Wittib
Bahnhof 1.
6215
Saalfel
Salzb. Ost

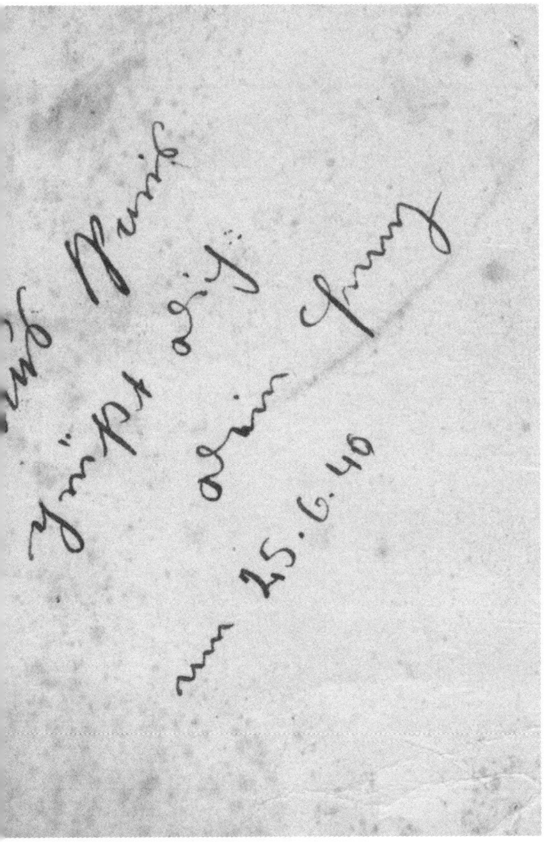
am 25.6.40

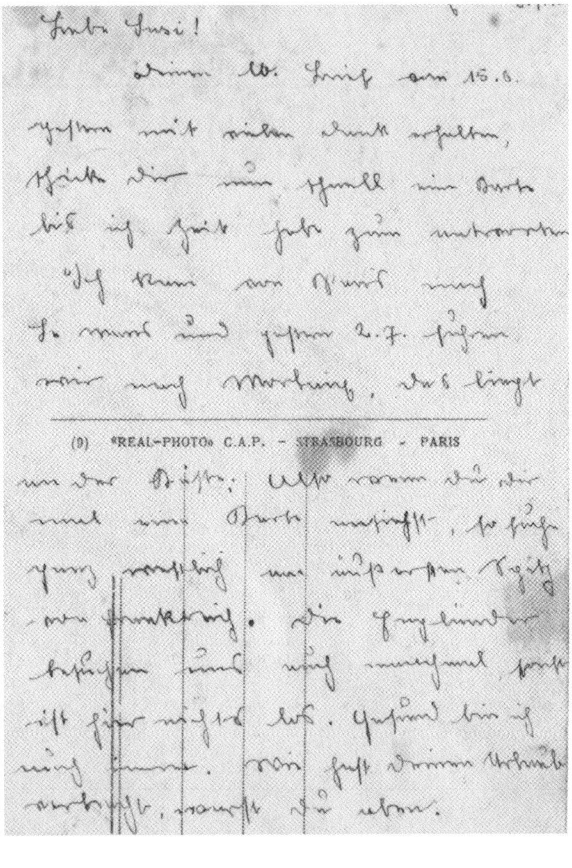
Liebe Susi!
(9) «REAL-PHOTO» C.A.P. - STRASBOURG - PARIS

Franz Streitberger in Bulgarien, 1941

9

Der Fuchs am Balkan und der Angriff auf die Sowjetunion

„... do kimb a kloana Fux dahea, auf åna Wies'n, auf a'm Fäi. A Hund, hätt' i z'erscht g'moant, a junga. Dea is' ma zuaganga, hiatz' hot a a' Pfotei oiwei noch-zog'n. Wos is' denn dåo los?!“

[„... da kommt ein kleiner Fuchs daher, auf einer Wiese, auf einem Feld. Ein junger Hund, hatte ich zuerst gemeint. Der ist auf mich zugegangen und hat immerzu eine seiner Pfoten nachgezogen. Was ist denn da los?!"]

Am 6. April 1941 erfolgte der deutsche Angriff auf das damalige Königreich Jugoslawien und das Königreich Griechenland. Dieser weitere damit auf den Weg gebrachte „Blitzkrieg“ wurde mit dem Ziel geführt, die britischen Streitkräfte aus Südosteuropa fernzuhalten und die „Südflanke“ für den noch bevorstehenden Angriff auf die Sowjetunion zu sichern. Wesentlich für das Deutsche Reich war im Vorfeld auch der ungehinderte Zugriff auf die rumänischen Ölfelder, weshalb zunächst militärische Einheiten nach Ungarn, Rumänien und Bulgarien verlegt wurden. Unter den Soldaten war auch der Kradmelder Franz Streitberger mit seiner Beiwagenmaschine. Bereits am 10. Februar 1941 – und daher Monate vor dem eigentlichen Beginn des Balkanfeldzuges – hatte er seiner Susi in Saalfelden eine Postkarte aus Bukarest geschickt, wieder einmal mit einer ganz und gar unverdächtigen Mitteilung: „Aus der Hauptstadt sendet dir dein Franz recht herzliche Grüße. Mir geht es gut, bin auch gesund, hoffe dasselbe auch von dir.“

In dieser Zeit hatte der Urgroßvater einen „wunderbaren Begleiter“ bei sich: einen Fuchs. Wie aber war das eigentlich mit diesem Fuchs? Diese Geschichte war für Franz die „schönste und zugleich schmerzhafteste“ während des Krieges.

„Den Fuchs habe ich in Ungarn gekriegt!“ Ungarn war eines der Länder, von dem aus Griechenland und Jugoslawien angegriffen wurden. Den ganzen Balkanfeldzug lang hatte der Urgroßvater das Tier bei sich, es war sein ständiger Beifahrer. Wie aber genau hatte er ihn gefunden? Das war auf einer Wiese (oder doch auf einem Feld?), als der Fuchs „daherstapfte“. Anfangs hielten ihn Franz Streitberger und seine Kameraden für einen jungen Hund. Als er dem Urgroßvater zuging, bemerkte der sogleich, dass das Tier eine Pfote nachzog. Er brachte ihn zum Kompanie-Stabsarzt, der das Tier untersuchte und feststellte, dass sein „Pfotei“ gebrochen war. Daraufhin schiente dieser das „Fixei“ und legte ihm einen Gipsverband an. Nach ein paar Wochen konnte es wieder laufen. Voller Stolz erinnerte sich Franz später nach dem Krieg an seinen Gefährten zurück: „Der war nur meiner!“ Immer wieder soll der Fuchs in die Stiefel des Urgroßvaters gekrochen sein und darin übernachtet haben. Das „Fixei“ war noch so klein, so winzig, ein Welpe – wie ein Baby.

Der Krieg ging aber weiter und die Kompanie, zu der Franz Streitberger gehörte, war inzwischen in Frankreich angekommen. Der Fuchs war immer noch an seiner Seite, sein treuer Begleiter bei den Meldefahrten bei Tag und Nacht.

Wenn Franz später nach dem Krieg von seinem „Fixei“ erzählte, strahlten seine Augen und ihm, der sein Leben lang eher verschlossen und wortkarg gewesen war, gingen die Erinnerungen leichter von der Zunge, immer wieder begleitet von schelmischem oder herzlichem Lachen. Etwa darüber, dass der Fuchs „eines Nachts einfach ausgebüxt“ sei und dass er „in der Früh einmal ein Huhn dahergebracht“ habe.

Eines Tages erreichte Franz Streitberger dann aber die Nachricht, dass ein Fuchs abgeschossen worden war. „Jemand hat einen Fuchs erschossen. Unseren Fuchs!“, hieß es unter den Kameraden. Die Verzweiflung ist heute noch zu spüren, wenn man sich die Tonbandaufnahme anhört, vor allem auch darüber, dass der Urgroßvater kein einziges Foto von seinem Fuchs gemacht hatte.

Ein ganzes Jahr lang war das Tier Franz Streitberger nicht von der Seite gewichen, am Schluss war es ausgewachsen und hatte auch nicht mehr in den Stiefel gepasst. Der Fuchs hatte bei ihm ein Zuhause gefunden. Auch die Kameraden hatten den Fuchs „alle gemocht“ und jeder habe sich um ihn gekümmert, galt das Tier doch bald als Maskottchen der Kompanie. Neben dem Urgroßvater mochte das „Fixei“ besonders den Koch, weil der ihm oft einen Fleischbrocken oder einen Knochen vor die Beine geworfen habe.

Derjenige, der ihn dann aber eines Tages erschoss, konnte nicht wissen, dass es der Fuchs des Urgroßvaters gewesen war. Der hatte ihn für ein wildes, streunendes, Hühner stehlendes Tier gehalten. Selbst Jahrzehnte nach dem Krieg war Franz immer noch hörbar bedrückt, wenn er davon erzählte, und seine Augen wurden ihm für ein paar Gedenkminuten feucht: „Mei Fixei!“

Was den Balkanfeldzug anbelangt, blieb dem Urgroßvater aber auch noch eine weitere Geschichte in Erinnerung: Im damals besetzten

Jugoslawien waren Franz Streitberger und seine Kameraden einmal eine Zeit lang „bei Bauern einquartiert“. Tatsächlich hatte die Wehrmacht zahlreiche Unterkünfte besetzt. Es handelte sich in diesem Fall um ein namentlich uns heute unbekanntes Dorf mit „mindestens 30 Hütten aus Lehm“. Zu jeder gehörte zumindest ein Hund, „weil in der Nacht immer die Wölfe gekommen sind und sich die Kälber und Ziegen geholt haben“. In diesem Dorf waren jugoslawische Gefangene untergebracht, bewacht und kontrolliert von den deutschen Besatzern.
Franz Streitberger fiel die Aufgabe zu, täglich Gefangene mit dem Lastwagen in eine nahegelegene Stadt zur Verrichtung von Zwangsarbeit zu fahren. Es war tiefster Winter und bitterkalt bei minus 30 Grad. Man hätte sich den Tod holen können – Franz selbst, aber vielmehr noch die im Freien zur Arbeit genötigten Gefangenen. Der Urgroßvater hatte zusätzliches Glück: Er erzählte später von einer Bäuerin (sie war die Gemahlin des Bürgermeisters), die ihm jeden Tag vor der Abfahrt mit dem Gefangenentransport „ein kleines Flascherl Schnaps mit Zucker zugesteckt“ habe. Damit, gab sie ihm zu verstehen, würde er „nie krank werden“.
Wie aber erst musste es den Kriegsgefangenen, den Zwangsarbeitern gehen? Und was fühlte Franz? Womöglich gar ein Schuldbewusstsein, selbst ein ausführender Teil der Kriegs- und Unrechtsmaschinerie zu sein? Alles Aspekte, über die Franz auch in späteren Jahren keine Worte verlieren sollte.

Als die Kompanie das Dorf wieder verlassen musste, habe die Bäuerin Franz Streitberger ein ganzes Kilo Tabak, der dort angebaut wurde, mitgegeben. Sie habe ihn „ins Herz geschlossen“, nicht zuletzt deshalb, weil auch „ihre Tochter und ihr Sohn bei der Kompanie“ des Urgroßvaters „Arbeit bekommen haben“.
Nur ein paar Tage später musste Franz noch einmal hierher zurück, um „irgendwelche Unterlagen abzuholen“. Dabei erfuhr er, dass die Bauersleute, die Bäuerin, der Bürgermeister, die Kinder, die ganze Familie „von jugoslawischen Soldaten, von den eigenen Landsleuten, erschossen worden sind, weil sie den Deutschen, dem Feind, geholfen haben“. So etwas wäre kein Einzelfall gewesen, im Krieg wurde immer wieder mit vermeintlichen Kollaborateuren und Kollaborateurinnen auf diese Weise verfahren.

Wie sind nun aber diese Wahrnehmungen Franz Streitbergers, wie sind diese Erinnerungen einzuordnen? Teile der jugoslawischen Bevölkerung galten, wie das damals hieß, tatsächlich als „deutschfreundlich". Andererseits mussten, wie das Beispiel zeigt, viele Menschen in den besetzten Gebieten Zwangsarbeit für die deutschen Besatzer verrichten. Heute kennen wir den Namen des Dorfes nicht, weshalb eine präzisere Bewertung dieser konkreten Geschichte(n) auch nicht möglich ist. In jedem Fall zeigt es eindrücklich, wie subjektiv und selektiv Erinnerung ist. Und es lässt erahnen, welche Rolle Scham und Trauma im Zusammenhang mit Verdrängungen und möglichen Umdeutungen spielen.
Viele Fragen bleiben unbeantwortet, zuvorderst etwa, ob Franz zum Zeitpunkt seines Einsatzes Genaueres über die Massenverbrechen an der jugoslawischen Zivilbevölkerung wissen konnte, gar selbst zum Zeugen der Gemetzel wurde oder entsprechende Befehle erhielt. Ab September 1941 war der mittlerweile neue Befehlshaber, General Franz Böhme, gezielt gegen die knapp 17 000 Jüdinnen und Juden, aber auch gegen die Roma vorgegangen. Für jeden getöteten Wehrmachtssoldaten ließ er 100 jugoslawische Zivilpersonen erschießen.

Der „Russlandfeldzug", wie man ihn heute immer wieder bezeichnet, begann am 22. Juni 1941, als deutsche Wehrmachtsverbände ohne Kriegserklärung die Sowjetunion überfielen. Im Erlass des Generalfeldmarschalls Walter von Reichenau ist das Ziel im typisch entmenschlichenden NS-Sprech nachzulesen: „… die völlige Zerschlagung der Machtmittel und die Ausrottung des asiatischen Einflusses im europäischen Kulturkreis". Auch diese Kriegsfront erlebte Franz Streitberger hautnah mit – wiederum auf waghalsigen Fahrten als Kradmelder und oft genug in Todesgefahr.

Einmal musste der Urgroßvater, wie er später erzählen sollte, in der Nacht eine lange Strecke Richtung Norden zurücklegen. Wieder führte ihn der Weg durch ein Waldstück. Ein deutscher Fernmeldetrupp hatte bereits Leitungen an den Bäumen angelegt. Dabei wären etliche Soldaten noch während der Arbeit, beim Aufsteigen auf Bäume oder Masten, „abgeschossen worden". Überall „sind Tote herumgelegen". Als Franz Streitberger diese Stelle passieren wollte, platzte ihm ein Reifen. Vor ihm war hier ein Trupp Gebirgsjäger vorbeimarschiert, da

„Das wesentlichste Ziel des Feldzuges gegen das jüdisch-bolschewistische System ist die völlige Zerschlagung der Machtmittel und die Ausrottung des asiatischen Einflusses im europäischen Kulturkreis. ... Der Soldat ist im Ostraum ... Träger einer unerbittlichen völkischen Idee und der Rächer für Bestialitäten, die deutschem und artverwandtem Volkstum zugefügt wurden.“

Aus dem sogenannten Reichenau-Befehl (10. Oktober 1941) des Armee- und Heeresgruppenoberbefehlshabers Walter von Reichenau, der an der Front verteilt und den Soldaten auch vorgelesen wurde

hatte sich wohl der eine oder andere Nagel im Schuhwerk gelockert und von der Sohle gelöst. Jedenfalls fuhr sich der Urgroßvater ein paar Nägel in Reifen und Schlauch, er hatte einen „Potschn“. Wie so oft musste er zum Flickzeug greifen. Den Krad- und Lastwagenfahrern stand „gutes Pickzeug zur Verfügung, zum Daraufbrennen, so ließ sich der kaputte Schlauch im Nu abdichten.“ Trotzdem sollte die Fahrt erst in der Früh weitergehen. Wie es Franz in der Nacht wohl erging?
Kurz vor Tagesanbruch tauchte ein Trupp auf, der auf der Suche nach Minen war. „Die müssen ganz in der Nähe verlegt worden sein.“ Ein Sprengkörper wurde bald „direkt vor den Füßen“ des Urgroßvaters aufgespürt – und damit unmittelbar vor der Stelle, wo er sich die Schuhnägel der Gebirgsjäger in den Reifen gezogen hatte, was sich nun als außerordentliches Glück erwies: Hätte er keinen „Potschn“ gehabt, wäre er weitergefahren, dann hätte es ihn wohl „erwischt“ und er wäre mit seinem Motorrad in die Luft geflogen.

Eine weitere Episode des „Russlandfeldzuges“ blieb ihm ebenso lange in Erinnerung: Noch im selben Jahr, 1941, als das NS-Regime vom Sieg über die Länder im Osten und die Ausdehnung des Deutschen Reiches bis nach China träumte, bewachten deutsche Soldaten in einem Lager – wir wissen heute nicht, welches genau Franz meinte – russische Kriegsgefangene: „Man konnte jedem einzelnen ansehen, wie sehr ihn der Hunger quälte.“ Da zog auch eine Gruppe, zehn Mann waren es wohl, in der Nähe der Lagerplätze Franz Streitbergers und seiner Kameraden vorbei. Sie versuchten etwas Essbares zu finden, dort, wo der Kompaniekoch leere Dosen hingeschleudert hatte. Der Urgroßvater habe das, wie er später erzählen würde, beobachtet, nicht weiter nachgedacht und einen halben Wecken Brot von seinem Zeltplatz zu den Gefangenen geworfen. Die hätten sich auf das „unerwartete Geschenk“ gestürzt und jeder einen Bissen abbekommen. Einer der Kompanie-Kameraden habe die Szene beobachtet und sogleich den Vorgesetzten gemeldet – mit gravierenden Folgen: Franz Streitberger kam auf der Stelle vor das Kriegsgericht. Wegen des halben, an ein paar halb verhungerte Gefangene abgegebenen Brotweckens. Kriegsgericht bedeutete in den allermeisten Fällen das Todesurteil, die sofortige Exekution. Franz wäre wohl erschossen worden, hätte sich sein Vorgesetzter nicht für ihn eingesetzt. Bei der Verhandlung erklärte der Kompaniechef offenbar, dass es sich ohnehin um ungenießbares Brot gehandelt habe. Er brachte sich mit dieser Aussage allerdings selbst in die Bredouille: Ungenießbares, verdorbenes Brot für die eigene Kompanie – wie konnte er das zulassen? Auch so etwas konnte mit der Todesstrafe geahndet werden. Es stand für beide vermutlich auf Messers Schneide, letztendlich ließ man aber Gnade vor Recht walten.

Dieser Vorfall und die Handlungsweisen der Beteiligten zeigen, dass sich bei aller vorgeschriebener „Pflichterfüllung" durchaus so manche – mal kleinere, mal größere – Handlungsspielräume auftaten: Tatsächlich war das Brot, das Franz Streitberger den hungrigen Gefangenen zugeworfen hatte, „sehr wohl genießbar" gewesen. Der Kompaniechef hätte den Urgroßvater mit einem einzigen Satz allergrößte Schwierigkeiten bereiten können. Er hatte für ihn gelogen. Wenn man „gute Vorgesetzte, gute Freunde" hatte, war „der Krieg leichter durchzustehen". Zusammenhalt, Kameradschaft seien lebensnotwendig gewesen, „da hat nahezu keiner den anderen im Stich gelassen", erinnerte sich Franz in den Gesprächen mit seinem Urenkel Jahre nach dem Krieg. Und doch habe es auch die „Denunzianten" und „Übereifrigen" gegeben, die „einen wegen eines halben Brotweckens fast in den Tod gehetzt" hätten. So löblich das Verhalten Franz Streitbergers und seines Vorgesetzten in diesem Fall anmuten, so offen bleiben wiederum die genauen Einsatzorte des Urgroßvaters und die Befehle, die er umzusetzen hatte. Und damit auch, was er vielleicht von den im Osten Europas von der Wehrmacht zahllosen begangenen Verbrechen und Massakern, dem millionenfach kalkulierten Morden, wissen konnte.
Quellen und Indizien deuten darauf hin, dass Franz Streitberger wohl spätestens seit dem Beginn des „Balkanfeldzuges" dem Jagdgeschwader 27, einer Einheit der Luftwaffe, angehörte. Daneben lassen etwa Uniform-Abzeichen auf den überlieferten Fotos vermuten, dass der Urgroßvater in dieser Zeit Unteroffizier war.

Franz Streitberger mit seinen Kameraden in Ägypten, 1942

10

Von der Hochzeit zurück in den Krieg – nach Sizilien, Libyen und Ägypten

„Donn muaßt kämpf'n. Du soist kämpf'n und wü'st owa nid. Warum soi' i auf oan' ånan schiaß'n, dea ma nix do haud?!"

[„Dann musst du kämpfen. Du sollst kämpfen und willst aber nicht. Warum soll ich auf jemanden schießen, der mir nichts getan hat?!"]

Am Feldzug im Osten mussten zahlreiche Soldaten aus dem Pinzgau teilnehmen, etliche von ihnen fanden den Tod oder wurden vermisst gemeldet. Für sie in der Heimat eine kirchliche Trauerfeier durchzuführen, wurde immer schwieriger. Ein Beispiel aus Rauris: „Zu Ihrem Ansuchen betreffend Abhaltung einer kirchlichen Trauerfeierlichkeit für Ihren im Osten gefallenen Sohn Michael L.“, schrieb damals der zuständige Landrat an die Familie Langreiter, „teile ich Ihnen mit, daß es infolge Anordnung zur Wahrung der Bekenntnisfreiheit nicht möglich ist, für einen Volksgenossen gottgläubigen Bekenntnisses kirchliche Zeremonien zu veranstalten. … Ich habe mit Bedauern vernommen, daß dies schon Ihr zweiter Sohn ist, der sein Leben für Volk und Führer auf dem Felde der Ehre geopfert hat und spreche ich Ihnen zu diesem für Sie so harten Schicksalsschlag mein innigstes Beileid aus.“

Auch weitere Zäsuren im Leben eines Menschen standen ganz im Zeichen des Krieges. Am 27. November 1941 brachte Franz Streitberger bei seiner Kompanie etwa seinen Antrag auf Erteilung der Heiratserlaubnis ein. Im Deutschen Reich waren zwischenzeitlich verschiedene Sonderregelungen zum Eherecht geschaffen worden. Die Heirat von „Deutschblütigen“ und „Juden“ hatte man bereits 1935 im Zuge der Nürnberger Rassengesetze verboten.
Neben den Personendaten der Braut und des Bräutigams schrieb der Urgroßvater pflichtgemäß laut der Heiratsordnung: „Ich erkläre hiermit, dass meine Braut sowie ich deutschen und artreinen Blutes sind, dass meine Braut deutsche Staatsangehörige ist, dass sie sowie ich schuldenfrei sind und über Führung eines schuldenfreien Haushaltes keinerlei Bedenken bestehen. – Franz Streitberger, Obergefreiter.“
Die Erlaubnis wurde erteilt, was nicht selbstverständlich war: Allzu oft waren auch Hochzeiten üblich, die man umgangssprachlich als „Stahlhelmtrauungen“ bezeichnete, da bei der Zeremonie im heimatlichen Standesamt ein Stahlhelm an die Stelle gelegt wurde, wo eigentlich der Bräutigam hätte stehen sollen.
Dem Urgroßvater wurden fünf Tage Fronturlaub zugesagt. Er fuhr heim nach Saalfelden, um alles für die wenige Tage später bereits stattfindende Hochzeit zu regeln – Papiere, Kleidung und so weiter. Ein großes Fest sollte es nicht geben, dafür fehlte das Geld. Geheiratet wurde am Standesamt in Saalfelden und in der Kirche in Maria Alm am

bitterkalten 15. Dezember 1941. Dem Urgroßvater kroch die Kälte von damals regelrecht über den Körper, wenn er knapp sechs Jahrzehnte später davon erzählte: „Eine ganze Stunde lang in der kalten Kirche knien." Das Hochzeitskleid hatten er und Susi eigens in der Stadt Salzburg besorgt: „Nichts Großartiges, aber ihr ist es gut gestanden." Franz Streitberger trug bei der Trauung einen Tropenanzug, den er bereits während seines Kriegsdienstes ausgefasst hatte. Einen Hochzeitsanzug konnte er sich nicht leisten, er hatte schließlich all sein Geld vor dem Krieg für sein Motorrad aufgewendet.

Welche Werte zeichneten Franz sein Leben lang aus, welchen maß er besonders viel Bedeutung zu? Hingabe. Loyalität. Kontinuität. Mit welcher Genauigkeit er sich mit seinem Motorrad beschäftigte! Als Mitglied der Familie Streitberger wusste man: Es war „seine" Maschine, wie der ihm zugelaufene Fuchs „sein" Fuchs gewesen war. Und Susanne „seine" Susi. All diese Fixpunkte gaben ihm Halt. Und da konnte Franz auch richtig eifersüchtig werden: Als er mit Susi bereits verheiratet war und im selbst gebauten Haus später nach dem Krieg ein Handwerker gefragt war, wich er seiner Frau keinen Millimeter und keine Sekunde von der Seite. Er blieb während der Prozedur im Zimmer, passte auf, dass der Handwerker Susi bloß nicht in ein Gespräch verwickelte oder ihr womöglich schöne Augen machte. Dasselbe beim Tanzen – allein hätte er Susi niemals gehen lassen, und wenn ihre Lust auf eine Polka oder einen Walzer zu groß wurde, begleitete er sie eben. Und wenn sie dann tatsächlich zu einem Tänzchen aufgefordert wurde, sollte Franz sie und vor allem den Kavalier natürlich nicht aus den Augen lassen …

Ob sich nun „seine" Susi, freute, als er auf einmal vor der Tür stand mit dem Antrag, dem so schnell die Hochzeit folgen musste? „Ich weiß nicht", erzählte Franz später. Und dass es so etwas wie Umarmungen nicht gegeben habe, nicht einmal in Momenten des Glücks. „Das war normal damals." Ob die beiden bereits in der Hochzeitsnacht die Familienerweiterung in Angriff nahmen? – Der Urgroßvater empört und verschmitzt zugleich: „Nein, um Gottes willen, nein!" Der erste gemeinsame Sohn Hermann kam im April 1944 zur Welt. Dann musste er wohl zumindest ein weiteres Mal noch einen Fronturlaub oder „Kriegsurlaub", wie Franz es nannte, bewilligt bekommen haben.

„Wahrscheinlich!“, sollte er lachen, aber ernst hinzufügen, dass er sein erstgeborenes Kind erst nach der Kriegsgefangenschaft zum ersten Mal sehen konnte, als Hermann bereits eineinhalb Jahre alt war.

Gleich nach der Hochzeit rückte Franz Streitberger wieder bei seiner Einheit ein. Zuerst wurde diese nach Süditalien, in die Region Apulien versetzt. In Tarent warteten auf dem Militärflughafen bereits Flugzeuge, welche die Soldaten nach Sizilien bringen sollten. Von dort aus ging es später über das Meer. Der Urgroßvater war damit nicht nur an den zentralen europäischen Kriegsfronten im Einsatz, sondern auch an wesentlichen Schauplätzen des Afrikafeldzuges. Das Jagdgeschwader 27, dem Franz Streitberger den Indizien nach angehörte, war bereits zwischen Oktober und Dezember 1941 nach Nordafrika verlegt worden.

Eines Tages wurde er mit seiner Kompanie nach Libyen verschifft – genauer gesagt nach Tobruk, das direkt am Mittelmeer an der Grenze zu Ägypten liegt. Die militärischen Befehle, an die sich der Urgroßvater zu erinnern vermochte, bestanden vorwiegend darin, „den Engländer zu bekämpfen“. Der Einsatz war zunächst erfolgreich: Noch im selben Jahr vertrieb die von Erwin Rommel befehligte Panzerarmee Afrika die britischen Streitkräfte aus dem Land. An Afrika war das NS-Regime zunächst eigentlich gar nicht interessiert gewesen. Der Fokus galt vielmehr der Besetzung von „Lebensraum im Osten“, wie es damals hieß, im Sinne einer „arischen“ Besiedelung. Im direkten Zusammenhang damit stand der Überfall auf die Sowjetunion und auch die Vernichtung der Jüdinnen und Juden.

Libyen war damals noch eine italienische Kolonie. Benito Mussolini, der „Duce“, ließ im September 1940 die britischen Einheiten im angrenzenden Ägypten angreifen, um den Suezkanal zu erobern. Die Gegenwehr war aber so heftig, dass sich die italienischen Soldaten zurückziehen mussten. Dann kam das Deutsche Reich als Italiens Verbündeter ins Spiel: Man ließ Anfang 1941 Truppen nach Libyen schicken, hierauf nach Ägypten. Unter den Männern war knapp ein Jahr später auch Franz Streitberger – in der Tropenuniform, mit der er in Maria Alm im Pinzgau Susanne Wittib zum Traualtar geführt hatte. Deutsche gegen Engländer in der Tropenhitze – in den Ländern der Kakteen, der

Kamele und der Sandstürme. Dass „Hitler durch Nordafrika Richtung Asien gelangen wollte", vor allem auch „wegen der Ölfelder", sollte der Urgroßvater später auf Tonband erzählen. Aber so weit kam es nicht.

„Den Rommel" habe Franz im Zuge dieses Feldzuges auch kennengelernt: den bereits erwähnten Generalfeldmarschall Erwin Rommel, Oberbefehlshaber der italienischen und deutschen Verbände in Afrika und „Wüstenfuchs", wie er bereits zeitgenössisch immer wieder bezeichnet wurde – ein bis heute umstrittener, laut dem Urgroßvater aber „durchaus menschlicher Kommandant".
Bis El-Alamein in Ägypten sei Franz Streitberger gekommen, wo im Herbst 1942 eine der entscheidendsten Schlachten in Nordafrika geschlagen wurde, die in einer Niederlage der deutsch-italienischen Panzerarmee Afrika endete. Die Alliierten hatten sich durchgesetzt. Mit der Kapitulation der Deutschen in Tunis am 13. Mai 1943 waren die Schlachten um Tunesien, Libyen und Ägypten endgültig verloren. Die Soldaten der Wehrmacht mussten sich zunächst nach Sizilien zurückziehen. Und wieder einmal hatte der Urgroßvater offenkundig Glück in all dem Unglück: Während eines Fliegerangriffs befanden sich er und seine Kameraden „in einer größeren Halle aus Holz". Eine Brandbombe traf den Unterschlupf, sie fing Feuer und begann in sich zusammenzufallen. So schrien und brüllten sich die Männer die Seele aus dem Leib. Und in letzter Sekunde, bevor die Hütte endgültig einstürzte, fanden sich ein paar todesmutige Männer ein, wagten sich in den lodernden Trümmerhaufen und zogen die Kameraden ins Freie. Drei oder vier waren Franz zufolge schwer verletzt, er selbst kam mit dem Schrecken davon.

Abgesehen von solchen Episoden bleibt die Zeit Franz Streitbergers in Afrika und besonders in der Folge für das Jahr 1944 relativ im Dunkeln. Die wenigen überlieferten und relevanten Archivunterlagen können uns leider kaum weitere Puzzlesteine liefern. Sollte er gegen Ende des Krieges tatsächlich Leutnant gewesen sein, was nicht eindeutig geklärt werden konnte, war er sicher nicht mehr als Kradmelder, sondern vermutlich als Zugs- oder Kompaniekommandant im Einsatz. Die Quellen deuten darauf hin, dass der Urgroßvater womöglich seit 1944 mit seinem Verband der 2. Fallschirm-Jäger-Division unterstellt und gegen

Ende des Krieges in den Niederlanden bei der Verteidigung des Rheinsektors im Einsatz war.

Was blieb Franz vom Krieg noch besonders im Gedächtnis, worüber sprach er später zumindest? Da wäre allem voran die Zeit rund um die Hochzeit mit Susi zu nennen, einen wesentlichen Impuls zur Erinnerung stellte folgende Begebenheit dar: Franz lebte zu diesem Zeitpunkt schon länger im Seniorenheim in Saalfelden, als er mit Gerhard Guggenberger, dem zweiten Mann seiner Tochter Loni, zu einem bemerkenswerten Abenteuer aufbrach. Gerhard war dazumal Kraftfahrer und schon oft die Strecke von Salzburg nach Süditalien gefahren. Ob Franz nicht einmal mitkommen wolle? Der war sofort Feuer und Flamme, nahm sich kurzerhand „Urlaub vom Heim", stieg zum Schwiegersohn in den LKW – und los ging es Richtung Tarent. Bequem war die Fahrt nicht, draußen die Hitze und drinnen das Übernachten zu zweit in einer engen Koje. Der Wagen hatte bei der Hinfahrt Schnittholz an Bord, auf dem Rückweg sollten sich zig Konserven in jeder Größe auf der Ladefläche befinden. Während der Fahrt erzählte der Urgroßvater Gerhard von seinen Erlebnissen damals, nach der Hochzeit mit Susi, wie sie durch Italien gefahren waren – mit dem Jeep rund um den Ätna. Von diesem Hagelwetter, als sich alle unter dem Wagen verstecken mussten, weil sie sonst von den faustgroßen Körnern erschlagen worden wären. Vom Flug nach Libyen, im Hochzeitsanzug mit dem Tropenhelm. Den Militärflughafen von Tarent fanden sie nicht mehr, aber allein der Trip hinunter fast bis zum Stiefelabsatz Italiens begeisterte Franz sehr. In Saalfelden kamen sie erst wieder um drei Uhr in der Früh an. Dem Urgroßvater sah man die Strapazen, aber noch mehr den Stolz und die Freude an. Und Susi, Loni und den Pflegerinnen im Seniorenhaus Farmach die Erleichterung, dass er heil heimgekommen war.

WL
9146

Pontoise
Paris
16t Brücke

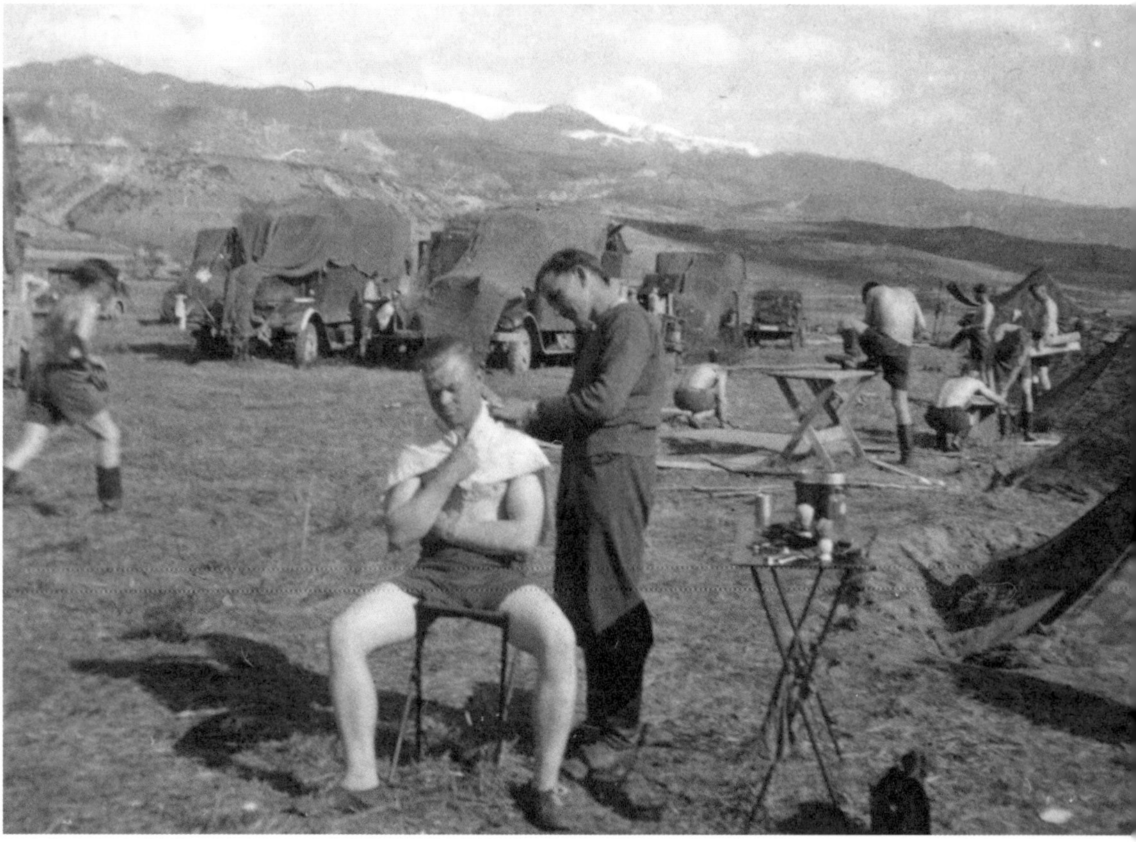

Einblick in eines der alliierten Rheinwiesenlager bei Remagen

11

Als Kriegsgefangener in den Rheinwiesenlagern

„... de erscht'n Tog homma kriag oan Kaugummi, oa Blattei Kaugummi pro Tog. Nocha homma kriag oan Leffi Mü'chpuiva und oan Leffi Zucka, a fia'n gonz'n Tog ... goss'n hot's, g'schnie'm hot's, a eiskoida Wind is' gånga, duach und duach nåos samma g'wei'n!
A Wunna, wonn oana des übaleb' hot ..."

[„... die ersten Tage haben wir einen Kaugummi bekommen, einen einzigen Kaugummi pro Tag. Nachher haben wir einen Löffel Milchpulver und einen Löffel Zucker erhalten, für einen ganzen Tag ... gegossen hat es, geschneit hat es, ein eiskalter Wind ist gegangen, durch und durch nass sind wir gewesen! Ein Wunder, wenn einer das überlebt hat ..."]

Die unmittelbare Zeit nach der „Befreiung" hinterließ bei Franz Streitberger, wie bei so vielen seiner Kameraden, nachhaltige Spuren: „Ach Gott, die Gefangenschaft. Was haben wir da mitgemacht!" Irgendwo zwischen Essen und Oberhausen wurde der Urgroßvater mit seiner Einheit im Frühjahr 1945 aufgegriffen. Das gesamte Ruhrgebiet war zu dieser Zeit bereits von den amerikanischen Truppen eingekesselt worden. Der 16. April sollte sich im Gedächtnis des Urgroßvaters besonders einbrennen: Es war der letzte Tag des Krieges, zumindest für ihn und seine Mitstreiter. Sie „wollten einfach nicht mehr" und hatten sich „bei einem Bauern in einen Keller geflüchtet". 30, 40 Männer waren bereits dort, eng zusammengepfercht. Sie warteten nur mehr darauf, dass der Krieg zu einem Ende kommen würde. Da stürmten auf einmal „zwei Männer den Raum, zwei von der SS. Die zückten wortlos ihre Waffen". Deserteure wurden erschossen, auch wenn das der letzte Kriegstag sein wollte. Schüsse fielen. Die beiden SS-Männer sanken zu Boden und waren tot. Einer aus dem Haufen der kriegsmüden Soldaten hatte „die Situation blitzartig erkannt und abgedrückt".

Am nächsten Tag, um Viertel nach sieben, tauchten Angehörige der U.S. Army auf. Der Urgroßvater und die anderen mussten sich „nicht extra ergeben", nicht die Hände zum Zeichen der Unterwerfung in die Höhe strecken. Endlich war der Horror vorbei. Dass es nun „in die Kriegsgefangenschaft ging, war allen bewusst". Und dass „dort nicht das Paradies wartete", war ihnen klar. Auf dem Weg in das Lager gab es „einen Knall, Artillerie-Beschuss", die Gefangenen wurden schnell in eine Kirche gejagt und darin untergebracht.
Als die Männer das Ziel erreicht hatten, wurden sie visitiert. Die Mäntel nahm man ihnen ab, ebenso die Zeltausrüstung und die Decken. Franz Streitberger und seine Kameraden mussten „auf einen großen Ladewagen klettern, 100 Mann, alle stehend, es gab keine Haltegriffe." Die anstrengende Fahrt durch die Nacht führte auch zu einer scharfen Kurve, wobei „die halbe Mannschaft von der Ladefläche herunterfiel". Viele Gefangene habe es auf die Straße geschleudert – und der nächste Lastwagen sei über die Männer gerollt. Da habe es dann „Tote und Schwerverletzte" gegeben, und kein Wagen sei stehengeblieben, um ihnen zu helfen.
Am Ziel angelangt, brach bei den Kriegsgefangenen „jede Hoffnung auf ein einigermaßen menschenwürdiges Leben in sich zusammen".

Abertausende Deutsche und Österreicher standen, hockten oder lagen ungeschützt auf riesigen freien Feldern, pro Mann vielleicht ein halber Quadratmeter Platz. Sie waren erschöpft, deprimiert, kraftlos. Es regnete, es goss und es schneite.

Die Alliierten hatten an den Ufern des Rheins 22 weitere Lager wie dieses, die sogenannten Rheinwiesenlager, errichtet. Rund eine Million Gefangene hatte man dort untergebracht. Auf so eine große Zahl waren die alliierten Streitkräfte ursprünglich gar nicht vorbereitet gewesen. Allein im Zuge der deutschen Kapitulation im Ruhrgebiet gerieten Mitte April 1945 rund 325 000 Soldaten in Gefangenschaft; mit der bedingungslosen Kapitulation am 8. Mai wuchs die Zahl weiter. Zahlreiche Soldaten der Wehrmacht folgten dem Aufruf auf Flugblättern, sich zu ergeben.
Die enorme Zahl an Kriegsgefangenen ist auch schon der wesentliche Grund, weshalb diese provisorischen Lager überhaupt erst errichtet wurden, wo sich freie Flächen anboten: Man trennte mit Stacheldraht Ackerbereiche unter freiem Himmel ab und teilte sie in kleinere Einheiten, die jeweils 5 000 bis 10 000 Gefangene umfassten. Die Alliierten standen unter zeitlichem Druck und mussten in kürzester Zeit die Versorgung der eigenen Soldaten, der Überlebenden aus den befreiten KZ, der ehemaligen Zwangsarbeiter, der Zivilpersonen in den zerbombten Städten und der Kriegsgefangenen organisieren – und das alles ohne ausreichende Ressourcen. Es sollte vor allem zunächst die Ernährung der amerikanischen Soldaten, der DPs (Displaced Persons; Menschen, die sich wegen des Krieges außerhalb ihres Heimatstaates aufhielten) und der deutschen Zivilpersonen gesichert werden – den Kriegsgefangenen konnten und wollten die US-Truppen keine Sonderrechte einräumen.
Keine Frage: Das Leben der Gefangenen war geprägt von Leid, Hunger, Krankheit und völlig unzureichenden hygienischen Verhältnissen. Die Forschung ist sich heute einig darüber, dass die Rheinwiesenlager die größten und hinsichtlich der Lebensbedingungen härtesten ihrer Art waren, die von den Amerikanern in Europa angelegt worden waren. Da die Besatzungsmacht die Gefangenen nicht lange unter ihrer Kontrolle behalten wollte, etablierte sie keine entsprechende Lagerinfrastruktur – eine weitere Ursache für die chaotischen Verhältnisse, über die Franz später mitunter vergleichsweise detailliert berichtete, so auch über die folgenden Ereignisse.

Um sich halbwegs gegen Regen und Schnee zu schützen, gruben die Männer Löcher in die Erde, auch der Urgroßvater. In den eilig ausgehobenen Höhlen fanden jeweils drei Soldaten Platz: „Einer lag in der nach oben offenen Mitte, die beiden anderen kauerten sich links und rechts neben ihm in die Erdnischen." Mitunter sackte die verschlammte Erde ein und aus den Gruben wurde ein „Drei-Personen-Grab". Lebendig begraben, auf einem großen Feld, als der Krieg fast oder tatsächlich schon zu Ende war. Tod durch Erschöpfung, durch eine Lungenentzündung, durch Ersticken im Erdgrab: „Tag und Nacht sind die Toten weggebracht worden." Wenigstens bekamen die erschöpften, durchnässten Männer bald einmal so etwas wie Zeltplanen, eigentlich Zeltfetzen: ein kleiner Schutz gegen die Unbarmherzigkeit des Wetters. Die Situation in den Rheinwiesenlagern war insbesondere in den ersten Monaten katastrophal.

Franz Streitberger musste sich „so einen Fetzen" mit einem anderen Gefangenen aus Sachsen teilen, der ihm gesagt habe: „Wirst sehen, Kamerad, wir kommen nicht mehr heim. Wirst sehen, wir müssen alle sterben." Eines Nachts hielt der Urgroßvater „die Jammerei" nicht mehr aus und er sei im Lager auf und ab gegangen, auch auf die Gefahr hin, von einem Wachposten erschossen zu werden. Auf einmal habe er eine knorrige Stimme gehört – in einer Sprache, die er gut kannte: „Pinzg'erisch". Nachts, im Gefangenenlager irgendwo am Rheinufer, vernahm er vertraute Worte. Dieser Mann namens Lois kam auch aus Saalfelden. Franz lud ihn unter sein „windiges, nasses Dach" ein, da der Kamerad über kein Zelt verfügte. Zwei Saalfeldener lagen so eines Nachts einigermaßen geschützt unter einer Zeltplane und träumten von der Heimkehr in den geliebten Pinzgau. Später trennten sich im Lager dann die Wege der beiden – Lois, der gelernter Zimmerer war, hatte sich bei der Lagerleitung gemeldet, da Handwerker gesucht wurden. Kurz nach Weihnachten 1945 sollten sich ihre Wege aber doch wieder kreuzen, bei der ersten „Heimkehrerfeier" in Saalfelden.

Die Ernährungslage war insbesondere in der Anfangszeit prekär. Die ersten drei Tage habe Franz je einen Kaugummi erhalten, dann einen Löffel Milchpulver und einen Löffel Zucker pro Tag, sonst nichts.

Die Versorgung der Kriegsgefangenen mit Nahrung stellte für die amerikanischen Streitkräfte eine enorme Herausforderung dar, die nicht ausreichend gewährleistet werden konnte. Gerade in den ersten Monaten hungerten die Gefangenen sehr, einige von ihnen erhielten erst nach Wochen das erste Brot. Teilweise gestatteten die Alliierten die Zusatzversorgung durch die Bevölkerung aus den umliegenden Ortschaften, weshalb etwa Kirchen Lebensmittel- und Kleidersammlungen organisierten. Manchmal konnte Nahrung auch von Zivilpersonen in die Lager gebracht werden – obschon die Menschen außerhalb selbst nur wenige Vorräte und Probleme mit der täglichen Versorgung hatten.

Auch die Bereitstellung von Trinkwasser war lange nicht ausreichend. Wenigstens gab es „ein bisschen Wasser zum Kochen und zum Trinken", das heißt: das Wasser aus dem Rhein, „in dem die Toten herumgeschwommen sind". Mit Kesselwägen wurde das verunreinigte, verseuchte Wasser in das Lager gebracht. In jeden Kessel habe man „je einen Sack Chlor geschüttet" – derart wurde der Gefahr der Ausbreitung von Krankheiten begegnet. Nicht wenige der ohnehin schon ausgezehrten und kraftlosen Gefangenen starben an diesem Wasser oder aufgrund der mangelhaften Versorgung mit Nahrung: auf offenem Feld, bei Wind und Wetter, zugedeckt nur durch Fetzen von Zeltplanen.
Einmal wurde eine Ladung Eisenbahnschwellen geliefert, das Holz sollte zum Anheizen dienen. Wie hätte man daraus aber überhaupt Heizmaterial machen sollen? Franz habe, wie er später erzählte, im Lager einen langen Bombensplitter, ein „Eisentrumm", gefunden. Damit zwickte er Holzscheitel herunter. So konnte wenigstens Milchpulver mit Zucker im Rheinwasser gekocht werden – eine Milchzuckerbrühe. Und nach weiteren Wochen wurden der Urgroßvater und seine Kameraden das erste Mal mit Brot versorgt. „Die Ami-Wecken waren viereckig und länger als die deutschen. Ein Wecken für 25 Mann, festes Weißbrot. Da hat jeder eine schmale Schnitte gekriegt."

Als ehemaligem Unteroffizier wurde Franz Streitberger eines Tages die Verantwortung über eine Hundertschaft Kriegsgefangener übertragen und er musste die Verteilung der kargen Mahlzeit überwachen. Als der „Tausendschaftsführer" einmal krank war, hatte der Urgroßvater für knapp tausend Männer die Essensvergabe zu organisieren: „Bei der

Verteilung musste man extrem aufpassen. Nur ja keinem einen Millimeter mehr Brot oder einen Fingerhut mehr Brühe zukommen lassen! Wie da die Augen groß geworden sind. Maßarbeit war das. Man hätte von den hungrigen Kameraden glatt erschlagen werden können." Franz Streitberger war von Natur aus muskulös und ein bisschen fester als die meisten anderen. Im Lager sei daher sogar das Gerücht umgegangen, er nehme heimlich etwas zu sich, was „natürlich nicht stimmte". Es gab nichts Zusätzliches, zunächst zumindest nicht.

Allmählich aber war auch die Kost für die Kriegsgefangenen in den Rheinwiesenlagern besser und üppiger geworden, wobei „üppig" eine maßlose Übertreibung ist. Immerhin mussten „nicht mehr 25 Männer mit einem Amiwecken auskommen, sondern nur mehr drei". Not macht erfinderisch – von einem Obstbaum im Lager schabte Franz Streitberger etwa die Baumrinde ab und bereitete daraus einen Tee zu. Dann und wann kamen außerdem eine Eidechse, vor allem auch Regenwürmer auf den Speiseplan: „Die derbeißt man leicht." Man gewöhnte sich sogar an das Rheinwasser, das freilich nur in kleineren Portionen zugeteilt wurde. „Tag und Nacht sind wir um Wasser angestanden und haben uns abgewechselt beim Warten. Eine halbe Nacht für einen kleinen Kanister Wasser."
Erkrankungen waren unter diesen Umständen vorprogrammiert – besonders Infektionskrankheiten wie die Ruhr mit den typischen Durchfällen wurden für die Gefangenen zur Qual, weil es keine oder nur völlig unzureichende hygienische Einrichtungen und Waschmöglichkeiten gab. Fürs Klogehen hatten die Amerikaner Latrinen angelegt, die Löcher waren rund drei Meter tief: „Mehr als einmal ist einer in die Latrine hineingefallen. Da hat ihn niemand herausholen können. Wie soll man einen Menschen aus drei Meter Tiefe ohne Behelfsmittel ziehen?" Geschrien und mit den Armen habe derjenige um sein Leben gerudert, aber die Kameraden hatten kein Seil, keine Stofffetzen, um ihn herauszuholen. „Und dann ist er in der Scheiße verschwunden und jämmerlich verreckt."

Die Lager am Rhein – ein „Vorort der Hölle", wie sie von manchen, die sie erlebt haben, bezeichnet wurden. „Ein Wunder, dass man das überlebt hat", sollte Franz seinem Urenkel Jahre nach dem Krieg erzählen. Heute geht die Fachwelt von 5000 bis 10000 Toten in den Rheinwiesenlagern aus, womit die Sterblichkeit im Vergleich zu anderen

westalliierten Kriegsgefangenenlagern hoch war. Die meisten dieser Lager in der Nähe des Rheins bestanden allerdings nur wenige Wochen oder Monate, man löste sie nach Kriegsende schrittweise wieder auf. Ende 1948 wurde das letzte dieser Lager endgültig geschlossen.
Bei aller Tragik, den besonders anfänglich verheerenden Zuständen und vielen Todesfällen: Von einer systematisch geplanten Ermordung deutscher Soldaten, wie von der extremen Rechten heute gerne noch behauptet wird, oder einem planmäßig herbeigeführten Massensterben in der Größenordnung von einer Million Toten kann nicht die Rede sein. (Genauso wenig trifft das in Neonazikreisen oft verbreitete Gerücht zu, deutsche Tote seien im Kontext dieser Lager als jüdische ausgegeben worden, um die Zahl der Holocaust-Opfer künstlich zu erhöhen.) Nach April 1945 hatte sich die Versorgung bereits grundlegend verbessert und die Lagerverwaltungen richteten Lagerküchen ein. Ab Juli konnte man von einer weitgehend gesicherten Verpflegung aller Gefangenen sprechen.
(Lagererfahrungen von Kriegsgefangenen wie Franz sollen in diesem Zusammenhang selbstredend in keiner Weise das unermessliche Leid jener Menschen samt ihrer Angehörigen und Nachfahren aufwiegen, die vom NS-Regime entrechtet und entmenschlicht, verfolgt, deportiert und, voran in den Konzentrations- und Vernichtungslagern, ermordet wurden.)

Schließlich hieß es irgendwann im Herbst 1945: „Alle werden entlassen." Franz Streitberger und seine Kameraden müssten nur noch ihre Fingerabdrücke bei den Lagerbüros hinterlassen. Sollte das wirklich der ersehnte Weg in die Freiheit sein? Hatten die Bitten, die Gebete also doch geholfen? Am nächsten Tag folgte aber gleich eine andere Mitteilung: Alle Kriegsgefangenen würden „vom Franzosen" übernommen. „Der Franzose" habe laut dem Urgroßvater „gleich einmal die Wasserleitung abgedreht, die in die Lager gelegt worden war. Die wollten zeigen, dass sie jetzt das Sagen hatten. Irgendwie auch verständlich." Es folgten drei Monate weiterer Gefangenschaft, nunmehr unter dem Kommando der französischen Besatzungstruppen. Der Lageralltag spielte sich fortan anders ab, die Versorgungslage schien sich wieder verschlechtert zu haben und für die Gefangenen gab es kaum mehr als „ein bisschen Suppe".
Einmal meldete sich Franz Streitberger bei der Lagerverwaltung wieder zum Arbeiten. Er arbeitete, „wann immer man mich ließ, weil ich

so vieles konnte" und weil dann „die Verzweiflung nicht so groß war und der Tag schneller verging". Eines Tages wurde er mit neun seiner Kameraden zum Küchendienst abkommandiert. Sie nahmen vorsichtshalber gleich ihr Essgeschirr mit. Wer in der Küche arbeiten musste, bekam sicher etwas vom Essen, das dort zubereitet wurde, ab, dachten sie. „Sich einmal so richtig satt essen!", davon träumten der Urgroßvater und die anderen Gefangenen. Aus den Kochkesseln dampfte es, der Geruch allein war schon verlockend. Dass die Speisen aber hauptsächlich dem Lagerpersonal serviert werden sollten, wussten die Männer nicht. Stundenlang mussten sie umsonst Erdäpfel schälen, scharf bewacht von bewaffneten Posten: „Dass ja keiner von einem Stück Gemüse abbeißt oder heimlich was einsteckt!" Ein halber Tag Küchendienst, harte Arbeit – und „nichts haben wir bekommen". Mit Hunger im Bauch marschierten Franz Streitberger und seine Kameraden, wie er später erzählen sollte, wieder aus der Küchenbaracke ab. Beim Ausgang, links und rechts, standen große Abfallkübel mit alten Essensresten darin. Der Wachposten habe mit seinem Gewehr auf die Eimer gedeutet. Das sollte wohl heißen: „Bedient euch!" Vor lauter Hunger griffen die Gefangenen in den abgestandenen Sautrank. Jeder, auch der Urgroßvater, bekam nach dem Verzehr „heftiges Bauchweh und Durchfall. Und schlecht ist allen geworden."

Irgendwann war die Kriegsgefangenschaft überstanden und auf abenteuerlichen Wegen ging es Richtung Süden in die Heimat – über Koblenz (Rheinland-Pfalz) nach Bregenz und hierauf weiter bis nach Saalfelden. Die Zeiten freilich waren immer noch gefährlich: In Bregenz waren Franz Streitberger und seine Kameraden etwa kurzzeitig in einem Lager untergebracht, bevor es weitergehen sollte, nach Innsbruck, in die Freiheit. Einmal noch wurden sie von französischen Posten streng bewacht. Einem der Männer ging es in dieser Nacht nicht gut: Ein heftiger Durchfall plagte ihn; er verließ den Lagerbereich kurz, um sich zu erleichtern und wurde dabei von einem Wachposten erschossen. Der getötete Kamerad war ein Bregenzer, sein Zuhause hätte er zu Fuß in wenigen Minuten erreicht.

Für die anderen, auch den Urgroßvater, ging es am nächsten Morgen über Innsbruck nach Hause.

Glockenweihe – „Rückkehr der Glocke" nach Saalfelden, 1949

12

Das Ende des Krieges, die Rückkehr nach Saalfelden und der Wiederaufbau nach 1945

„… donn homma ins schnei um a Wohnung umg'schaut de naxtn Tåg. Beim Lanzinga homma a Wohnung kriag, im Parterr' hint'n, näiman Stoi, do, wo de Råtz'n vii g'lafn san …"

[„… dann haben wir uns in den nächsten Tagen schnell um eine Wohnung umgeschaut. Beim Lanzinger haben wir eine Wohnung bekommen, im Parterre, hinten, neben dem Stall, dort, wo die Ratten vorbeigelaufen sind …"]

Saalfelden stand bereits im Zeichen des Wiederaufbaus, als Franz Streitberger vor Heiligabend 1945 zu seiner Familie zurückkehrte. Mit der bedingungslosen Kapitulation der Wehrmacht am 8. Mai war der Zweite Weltkrieg zumindest in Europa bereits Monate im Vorfeld zu einem Ende gekommen. Über die Ereignisse während der Zeit des Nationalsozialismus, über Fragen nach Schuld und Verantwortung, wurde rasch der Mantel des Schweigens ausgebreitet. Was die damit einhergehende Geschichtsvergessenheit anbelangt, stellten hierzulande der Pinzgau und damit auch Saalfelden keine Ausnahme dar. Ein wesentlicher Grund ist zunächst darin auszumachen, dass Fragen des alltäglichen Überlebens allein in den Fokus rückten: Die allgemeine Situation gestaltete sich in einer Zeit, als der Urgroßvater noch in den Rheinwiesenlagern untergebracht war, als desaströs: Der Nachkriegsgesellschaft mangelte es an allem, zuvorderst an Nahrungsmitteln.

Wie schon während des Krieges wurden wieder Lebensmittelkarten an die Saalfeldener Bevölkerung verteilt, diesmal von den amerikanischen Soldaten. Es war die von den Menschen durchaus auch kritisch beäugte Besatzungsmacht, die sich der Herausforderungen der Mangelernährung annahm: So organisierten die Truppen im Ort „Schulausspeisungen", wobei man auf Nahrungsmittelbestände der eigenen Armee sowie Spenden der amerikanischen Caritas und des amerikanischen Roten Kreuzes zurückgriff. Immer wieder gelangten auch CARE-Pakete der gleichnamigen privaten Hilfsorganisation nach Saalfelden.

Zeitzeuginnen und Zeitzeugen berichten uns, dass die Not dennoch groß war: Teils musste man viele Stunden nur für Brot anstehen. Die Menschen waren bestrebt, sich ganz bald in der Früh bei der Bäckerei anzustellen, was aber durch eine Ausgangssperre (19 Uhr bis sechs Uhr in der Früh) erschwert wurde. Bereits im Juli 1946 pflückte man aus der Not heraus unreife Preiselbeeren, woraufhin der Saalfeldener Bürgermeister sich dazu veranlasst sah, einen „Pflückanfangtermin" zur Sicherung der Ernte festzulegen. Daneben forderte man die heimischen Bauern dazu auf, nicht alle Kühe auf die Almen zu treiben, um die Milchversorgung im Tal zu gewährleisten.

Soziale Konflikte gingen nicht nur mit der Frage nach der Verteilung von Nahrungsmitteln, sondern auch mit jener nach der Unterbringung der zahlreichen Flüchtlinge einher: In der Schule des Marktes hatte man ein Lazarett eingerichtet. Noch Anfang 1947 befanden sich in Saalfelden 673 österreichische Flüchtlinge, 347 aus Südtirol und sogenannte Volksdeutsche, 263 aus Jugoslawien und mehr als 2000 Jüdinnen und Juden. In diesem Zusammenhang muss auf das jüdische DP-Lager „Givat Avoda" hingewiesen werden, das für die Fluchtbewegung in den zu dieser Zeit noch gar nicht gegründeten israelischen Staat ein bedeutsames Transitlager darstellte. Es befand sich in der Wallner-Kaserne, wo heute noch das Gebirgskampfzentrum des Bundesheeres untergebracht ist.

Neben den bereits genannten Gründen für das rasche kollektive Vergessen und Verdrängen in der österreichischen Bevölkerung ist auch die schnelle Blockbildung im Kalten Krieg auszumachen, einen besonders wesentlichen Grund findet man aber bereits im Jahr 1943: Dazumal hatten die Alliierten im Rahmen der Moskauer Deklaration den „Opfermythos" vorweggenommen, der nicht nur das offizielle Selbstbild, die „Erzählung" Österreichs und seiner Bevölkerung, sondern auch den Umgang mit Entnazifizierung und Restitution, mit Schuld und Verantwortung sowie den Opfern des NS-Regimes über die folgenden Jahrzehnte – und zum Teil noch bis heute – beeinflusste.

Nicht nur Fragen nach dem alltäglichen Überleben und damit einhergehende soziale Spannungen bedrängten die Menschen, sondern auch Ängste um ihre Liebsten: Viele Familien trauerten oder sorgten sich um die noch nicht aus der Kriegsgefangenschaft Heimgekehrten. Wann würde Franz Streitberger wieder zurückkommen?

Wenige Tage vor dem 24. Dezember 1945 war es so weit: Im Haus Bahnhofstraße 169 stand Franz nach Jahren der Entbehrungen und nach der Hochzeit im Krieg endlich wieder seiner Frau Susi gegenüber und sah zum ersten Mal seinen Sohn Hermann. Verglichen mit vielen anderen Kriegsheimkehrern war die Wartezeit sogar noch „kurz" gewesen: Denn die Westalliierten entließen ihre Kriegsgefangenen – so auch Franz Streitberger – meist relativ schnell in die Freiheit. Die ersten

Rücktransporte von Gefangenen aus Russland trafen hingegen erst im Herbst 1947 in Österreich ein.

Ende 1945 lebten vom inneren Kreis der Familie nur noch Vater Josef und Franz Streitbergers Brüder Josef, Johann und Siegfried sowie seine Schwestern Maria und Elisabeth. Katharina Streitberger, die Mutter, war wenige Wochen vor der Rückkehr ihres Sohnes an Leberkrebs gestorben.

Der handwerklich geschickte und kräftige Franz Streitberger (ganz rechts) in seinem Element

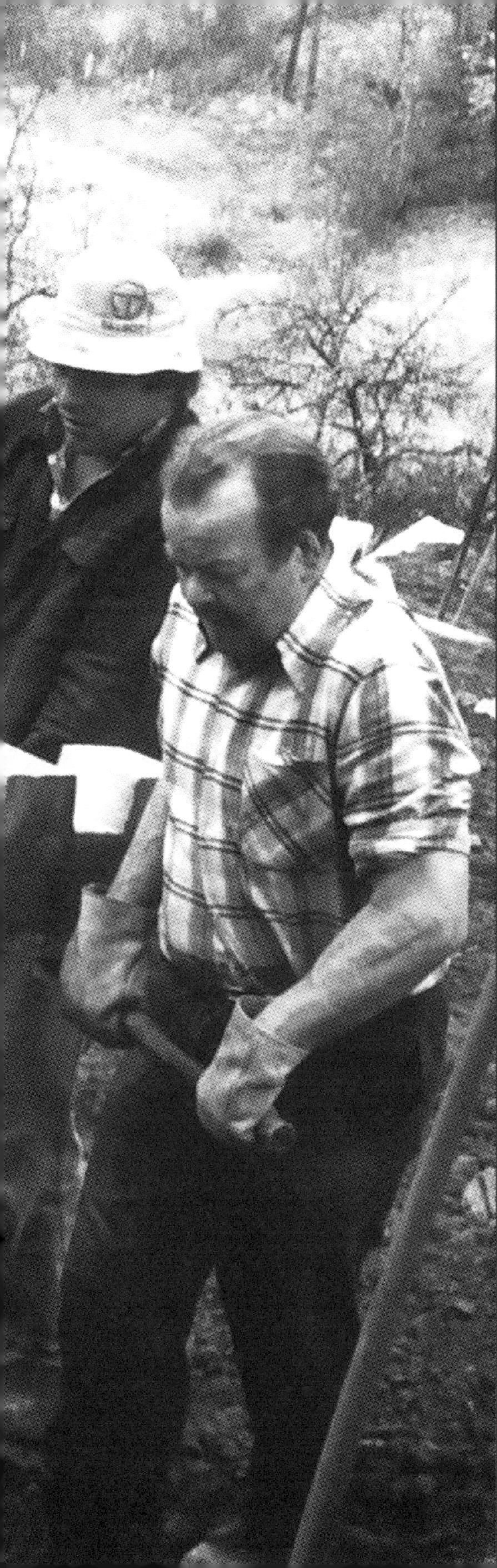

13

Von der Arbeit bei der Eisenbahn zum Lebensabend im Seniorenhaus Farmach

Von Bombardierungen war Saalfelden im Krieg weitgehend verschont geblieben. Trotzdem war die Infrastruktur stark in Mitleidenschaft gezogen und insbesondere die Lage in Sachen Wohnen prekär. Die Herausforderungen resultierten dabei nur zum Teil aus den teilweisen Einquartierungen der US-Amerikaner in Zimmer und Wohnungen von Einheimischen. Die Not war so gravierend, dass der Saalfeldener Bürgermeister am 1. Februar 1946 eine sogenannte Zuzugssperre über das gesamte Gemeindegebiet verhängte.

Franz und seine Frau Susi lebten mit ihrem Sohn zunächst in einer Wohnung in der bereits erwähnten Bahnhofstraße, die aus einem einzigen Raum bestand – ebenerdig, direkt neben einem Stall gelegen. Kanalisation gab es keine, die Hausfrauen schütteten Wasch- und Kochwasser einfach in einen Graben. Nur die Ratten „fühlten sich wohl". Holz und Kohle zum Heizen bis hin zu Baumaterial – das war nicht nur bei der Familie Streitberger Mangelware. Auch Geld war immer noch ein Fremdwort für die Familie. Franz Streitberger verkaufte deswegen sein geliebtes Motorrad, das er im sicheren Versteck über den Krieg hinweg gerettet hatte, für ein Fahrrad und eine Nähmaschine. Eines Tages konnte die junge Familie endlich übersiedeln – vom Erdgeschoß auf den Dachboden, mit einer kleinen Küche und einem weiteren Zimmer.

Der Urgroßvater verfügte zwar über kaum Geld, dafür aber über ein anderes wichtiges Kapital: Er war geschickt mit den Händen und konnte, da er im Gegensatz zu vielen anderen Heimkehrern nach dem Krieg nicht invalid war, noch zupacken. Mit der Landwirtschaft wollte Franz „nichts mehr zu tun haben". Er meldete sich im Jahr 1947 bei der Eisenbahn, die Nachfrage nach Personal war groß. So wurde er „Verschieber" und war fortan für das An- und Abkoppeln der Zugwaggons, Loks und Tender, sowie für das Verfrachten der tonnenschweren Wagen von einem Gleis zum anderen zuständig – unter Aufrechterhaltung der Sicherheit für Arbeitskollegen, Fahrgäste und sich selber, „und das bei jedem Wetter".

Die Eisenbahn wurde ihrem Ruf als „Jobmotor" auch nach dem Krieg wieder gerecht. Einst schon hatten der Bau und die Eröffnung der Westbahnstrecke Saalfelden in ein neues Zeitalter katapultiert: Am

30. Juli 1875 wurde die Giselabahn (später auch Salzburg-Tiroler-Bahn genannt) eröffnet. Der Strecke über Zell am See und Saalfelden kam eine besondere Bedeutung zu: Die Bahn sorgte für eine wirtschaftliche und touristische Erschließung der Region und war bald von unverzichtbarem Wert für den Absatz der Agrar- und Bergbauprodukte und das Hereinströmen von Gütern aller Art. Folglich wurde in Saalfelden 1881 ein Verschönerungsverein gegründet, der Vorgänger des heutigen Tourismusverbandes, Unterkünfte schossen aus dem Boden, man legte einen Fußweg zum Bahnhof an und pflanzte viele Bäume. Einfuhrartikel wie Getreide wurden immer billiger. Kurzum – der Anschluss an das Schienennetz brachte Wohlstand: alles Entwicklungen, von denen auch Franz und viele andere seiner Generation nach dem Krieg noch zehren sollten.

Seine Frau Susi arbeitete derweil, wie bereits vor dem Zweiten Weltkrieg, bei der Firma „Höttl" in Saalfelden am Webstuhl. Die Geschichte des Unternehmens reicht bis in das Jahr 1905/06 zurück, es wurde dazumal unter dem Namen „Brüder Höttl" von Anton und Georg Höttl als Loden- und Schafwollwarenfabrik gegründet. Während der Zeit des Nationalsozialismus wurde Georg Höttl vom damaligen Gauwirtschaftsberater als kommissarischer Verwalter eines Saalfeldener Manufaktur- und Modewarengeschäftes des jüdischen Unternehmerpaares Artur und Sara Kant eingesetzt. Artur Kant wurde im Zuge des Novemberpogroms in das KZ Dachau verschleppt (sein weiteres Schicksal bleibt unklar) und seiner Frau Sara wurde es verboten, das Geschäft wieder zu betreten. Wie in den meisten Fällen gab es mehrere Bewerber für die „Arisierung" des Geschäftes. Den Zuschlag erhielt der Neffe des kommissarischen Verwalters, Hans Aschböck, der das Geschäft 1939 neu eröffnete. Nach dem Krieg setzte die Firma Höttl ihre Arbeit in gewohnter Weise fort. Man fertigte Gewebe und Stoffe für Anzüge, Decken, Mäntel – und versorgte Händler in ganz Österreich.

Das Beispiel zeigt: Auch in Saalfelden waren jüdische Familien ihrer Güter beraubt worden. Diese wurden nach dem Krieg gar nicht oder nur zögerlich rückerstattet. „Was wusste die Saalfeldner Bevölkerung damals von den Vorgängen? Was wollte man wissen, was hätte man wissen können? Wie wurde das Verschwinden der jüdischen Bevölkerung, die Übernahme ihrer Geschäfte wahrgenommen?" Diese und viele weitere Fragen, die sich etwa die Historikerin Maria Ecker stellt, sind bis heute zum Teil noch unbeantwortet geblieben.

Susi Streitberger trug einen wesentlichen Teil zum Überleben der Familie nach dem Krieg bei. Neben der Erziehung des Sohnes und der Arbeit in der Firma fertigte sie auf der eigenen Nähmaschine Kleider an. Finanziell ging es sich trotzdem lange nicht aus, noch dazu war die Familie im Jahr 1952 mit Tochter Loni um ein Familienmitglied reicher geworden.

Den Urgroßeltern war keine Zusatzbeschäftigung je zu gering. Arbeiten neben der eigentlichen Arbeit und Arbeiten, bis es nicht mehr ging: auch im Sägewerk oder beim Verkauf von Schwammerln. Jede helfende Hand war im Wiederaufbau willkommen, und so wurde Franz immer wieder um Mitarbeit ersucht, wenn in Saalfelden und Umgebung etwa ein neuer Güterweg angelegt oder eine alte Trasse abgesichert und ausgebaut werden musste. Derartige Beschäftigungen waren für die Reparaturen und den Aufbau der Infrastruktur unabdingbar und stellten für ihn wie so viele Menschen seiner Generation immer auch eine Möglichkeit dar, die Kriegstraumata, die neuen Probleme, den Kummer und Ärger aus dem Weg zu räumen.

Mit Ende der 1940er Jahre begann sich die Situation grundlegend zu bessern. Bald mussten in Saalfelden keine Lebensmittelkarten mehr ausgegeben werden. Eine wesentliche Rolle kam dabei dem „Marshallplan" (European Recovery Program) zu, benannt nach dem US-amerikanischen Außenminister George C. Marshall. Es handelte sich um ein Hilfsprogramm der USA für 16 westeuropäische Staaten in den Jahren 1948 bis 1952. Österreich erhielt Hilfe vor allem in Form von Waren, die hierzulande verkauft wurden. Die Einnahmen aus den Verkäufen wurden auf Sonderkonten veranlagt. Aus diesen Mitteln wurden Kredite an österreichische Wirtschaftsunternehmen vergeben, um Wachstum, Produktivität und Beschäftigung zu fördern.

Umsetzung des „Marshallplans" ab 1948

Trotz des allmählichen Aufschwungs wurden für die Suche nach Essen weiterhin größte Anstrengungen auf sich genommen: Einmal war Franz „bereits fünf Stunden auf dem Berg unterwegs, schlecht ausgerüstet". Es

„schüttete aus Kübeln" und die Blitze schlugen unter heftigem Donner „links und rechts" neben ihm „in die Felsen ein, in Sekundenabständen." Derartige Gefahrensituationen wurden im Kampf um Nahrung immer wieder in Kauf genommen.

Auch ein anderes Mal hatte der Urgroßvater Glück im Unglück: In der Saalfeldener Chronik ist unter „Aus dem Unfallgeschehen" zu lesen: „Am 11. August 1956 wurden die Arbeiter Ernst Hasenauer, Franz Streitberger und Simon Zott bei Erdaushubarbeiten für eine Wasserleitung in Breitenbergham von einem Blitz getroffen und lebensgefährlich verletzt. Sie alle überstanden den Schaden." Der Bau von Wasserleitungen stand nach dem Krieg weit oben auf der Wiederaufbau-Agenda, war doch die Wasserversorgung an der Grenze der Leistungsfähigkeit angelangt, die Kanalisation nicht mehr ausreichend. Um die Versorgung zu sichern, waren umfangreiche Maßnahmen notwendig. Alle Quellen, die im Umfeld zu Trinkwasserzwecken geeignet waren, wurden gefasst, die Hochbehälter in ihrer Kapazität erweitert und bei Ramseiden ließ man ein Pumpwerk errichten. Was den speziell oben geschilderten Fall anbelangt, sollte eine Gemeinschafts-Wasserleitung angelegt werden, die wesentlich für die Versorgung vieler Höfe und Wohnhäuser in der Gegend war. Dafür musste zunächst eine Quelle, die genügend Wasserschüttung erwarten ließ, gefasst werden. Das Baumaterial, „25-Kilo-Zementsäcke", hatten die Arbeiter „eigenhändig zu schleppen. Bagger gab es keine, Elektrobohrer auch nicht, stattdessen nur einfache Eisenbohrer und klobige Holzschlögel." Und vor allem die eigenen Hände zum Graben, Verschalen und Verlegen. Die Männer waren gerade am Arbeiten, als ein Gewitter aufzog, und ehe sie Schutz finden konnten, schlug ein Blitz ein. Die Brandspuren am Rücken des Urgroßvaters waren noch lange Zeit zu sehen.

Zu dieser Zeit hatte sich Franz Streitberger bereits seinen größten Wunsch erfüllt: den Bau eines eigenen Hauses. Im Vorfeld hatten die Brüder Josef und Siegfried ihre kleinen Häuser auf der Poltenwiese in Maishofen bereits mit der Hilfe des Urgroßvaters errichtet. In das eigene Haus am Lärchenweg würde Franz mit seiner Familie 1954 einziehen – da waren sie schon zu fünft. Nach Hermann und Loni hatte ein Bub das Licht der Welt erblickt: Ernst. Als der später einmal ebenfalls zur Eisenbahn ging und Lokomotivführer wurde, war der Urgroßvater, der es „ja nur bis zum Verschieber gebracht" hatte, „richtig stolz".

Wie war Franz überhaupt als Vater? Den Erzählungen seiner Tochter Loni nach streng und verantwortungsbewusst zugleich. Gefühle konnte er nicht wirklich zulassen. Seine Art, Liebe zu zeigen, war die Arbeit – damit es allen gut geht. Franz würde etwa zu Weihnachten Geschenke für seine Kinder basteln, und seine Frau Susi würde nähen und stricken. Der Heilige Abend ohne Christbaum ist bekanntlich kein Weihnachten. Also würde Franz in den Nachkriegsjahren einen Christbaum aus dem Wald besorgen – besser gesagt: entwenden. Und weil das so gut klappte, ohne erwischt oder sogar bestraft zu werden, „holte" er folglich alle Jahre wieder ein schön gewachsenes Exemplar. Genügsamkeit, aber auch die Wurzeln seiner Sparsamkeit waren gewiss in seiner Kindheit voller Entbehrungen gelegt worden. Franz blieb es sein Leben lang: Wenn er eine neue Schnürlsamthose oder einen Gürtel benötigte, wartete er stets bis zum Kirtag, da dann alles günstiger zu haben war.

Diesen Wertekompass gab er auch an seine Nachkommen weiter. Mit guten Noten und viel Disziplin, so die Meinung des Urgroßvaters, komme ein Kind leichter voran. Wenn er von der Arbeit heimkam, lief ihm Loni quer über die Wiese entgegen – und ihr Vater fing sie mit seinen starken Armen auf. Großen Wert legte Franz – und das nicht nur bei seinen Kindern – auf ein ordentliches Benehmen: Grüßen, die Hand geben, ein Knickserl machen. Und absolute Pünktlichkeit! Gegessen wurde immer um Punkt 12 Uhr und alles aufgegessen, was auf den Tisch kam. „Euch geht es viel zu gut!", resümierte er stets, wenn jemand Reste auf dem Teller zurückließ.

Mit dem Bau des Hauses hatte Franz Streitberger schon 1949 begonnen. Fünf Jahre waren eine lange Zeit für ein einstöckiges Haus. Aber dem Urgroßvater war immer wieder das nötige Geld ausgegangen. Er wollte zudem keine Schulden machen und musste, wie das damals so üblich war, „alles eigenhändig" anfertigen. Jeder Ziegel war ein Unikat: von Franz, seinen Brüdern und Nachbarn gemacht und gestapelt. Jedes Brett, jeder Balken mit dem Fuchsschwanz gesägt. Für den Dachstuhl hatte der Urgroßvater hoch droben im Wald Baumstämme gefällt und sie danach zum Rohbau hinuntergeschleppt.

Die Bauwirtschaft war zu dieser Zeit bereits im Aufschwung begriffen – 1971 zählte man in Saalfelden 1 457 Gebäude, von denen 892 allein in den Jahren seit 1945 errichtet worden waren. Auch der Wohnungssektor hatte schon bald nach dem Krieg wichtige Impulse erfahren. Neben der Gemeinde beteiligten sich Wohnbaugenossenschaften am Baugeschehen. Neue Siedlungen entstanden im Hoferfeld, in Dorfheim und in der Bergstraße; auch in der Bahnhofstraße, wo Franz unmittelbar nach dem Krieg mit seiner Susi lebte, in der Leoganger Straße oder Loferer Straße wurde gebaut. Damit konnte nicht nur die Zahl der Wohnungssuchenden verringert werden, der Bausektor und damit die bauausführenden heimischen Betriebe genossen eine hohe Auftragslage, was sich auf den Beschäftigtenstand positiv auswirkte.

Franz und seiner Familie war es also vergönnt, sich nach dem Krieg ein neues Leben aufzubauen. Die Nachkriegsgesellschaft profitierte vom rapiden wirtschaftlichen Aufschwung ab den 1950er Jahren. Da diese Entwicklung für viele Menschen unerwartet kam, sprach man besonders in Deutschland, aber auch in Österreich bald vom sogenannten Wirtschaftswunder. Es sorgte neben einer allgemeinen prosperierenden Entwicklung für neuen Optimismus, Österreich gefiel sich nun auch schnell in seiner selbstdefinierten Rolle als Brückenbauer zwischen Ost und West im Kalten Krieg.

Der wirtschaftliche Aufschwung ging mit starken Steigerungsraten im Tourismus einher. Ein wichtiger Faktor war in diesem Zusammenhang die zunehmende Mobilität durch die aufkommende Massenmotorisierung. Noch grundlegender war, dass „Urlaub“ in der Konsumgesellschaft der Nachkriegszeit erstmals zu einem breiten Phänomen wurde: Das neue staatliche Selbstbewusstsein suchte das „typisch Österreichische“ in der schönen Landschaft und stellte es als regelrechte Pflicht dar, „daheim“ zu bleiben. Andererseits mutierte Österreich schnell für die Deutschen zum unangefochtene Urlaubsland Nummer eins. Die zahlenmäßig erfreulichen Entwicklungen im Tourismus wusste auch die Familie Streitberger Jahre später noch zu nutzen: Um in der Pension noch etwas dazuzuverdienen, vermieteten Franz und Susi im Haus am Lärchenweg Ferienwohnungen.

Wenn Franz (ausnahmsweise einmal) nicht arbeitete, dann unternahm er mit seiner Familie gerne Wandertouren. Zum Beispiel auf das Riemannhaus im Steinernen Meer, hoch über Maria Alm, und zwar zu Fuß vom Haus in Saalfelden hinauf auf 2 177 Meter Seehöhe. Vier Stunden bei zügigem Schritt. Oder mit Frau und Kindern „in die Granggn geh'n" – Preiselbeeren suchen.

Manchmal fuhr Franz auch mit dem Fahrrad zu seinen Brüdern nach Maishofen. Wenn er mit seinen Kindern Hermann, Loni und Ernst unterwegs war, setzte er einen von ihnen auf die Lenkstange, einen anderen auf den Gepäckträger – und das dritte Kind nahm Susi mit.

Als das tägliche Leben beschwerlich wurde, übersiedelte das Ehepaar im Jahr 2000 in das Saalfeldener Seniorenhaus Farmach. Es war in einem Schloss untergebracht, das einst unter anderem den „Herren von der Alm" gehört hatte, einer der bedeutendsten Salzburger Adelsfamilien. 1902, 15 Jahre vor der Geburt Franz Streitbergers, war der Besitz an die Gemeinden Saalfelden, Leogang und Maria Alm verkauft worden. Gemeinsam errichtete man hier ein Spital und ein Altersheim. Heute befindet sich das Schloss im alleinigen Besitz der Gemeinde Saalfelden und der Komplex hat sich, um ein paar Häuser erweitert, zu einem umfassenden Seniorenbetreuungsbezirk entwickelt.

Noch vor Franz starben seine Söhne Hermann und Ernst. Im Jahr 2002 musste er sich von seiner Ehefrau Susi für immer verabschieden, ehe ihn zehn Jahre später der Tod der damals erst 39 Jahre alten Enkelin Helga besonders hart traf. Im Jahr 2017 sollte der Urgroßvater seinen 100. Geburtstag feiern – knapp zwei Wochen vor dem großen Fest starb auch er. „Da fürchtet man sich nicht. Komisch", hatte er noch erzählt, als es um die schrecklichsten Gefahrenmomente im Kriegseinsatz ging.

Hatte Franz tatsächlich keine Angst vor dem Tod an der Front? Im Seniorenhaus? Und was bleibt uns von dieser Biografie eines Menschen, der den Zweiten Weltkrieg an wesentlichen Kriegsschauplätzen miterlebt hat? Können wir von seiner Geschichte und seinen Geschichten etwas lernen? Lässt sich überhaupt aus der Vergangenheit lernen? In jedem Fall können wir versuchen, zu verstehen. Unsere Großeltern, Urgroßeltern und Ururgroßeltern. Einen so schweigsamen Menschen wie Franz Streitberger, der, wie er selbst stets davon überzeugt war, eigentlich gar nichts zu erzählen habe.

Adrian Goiginger erinnert sich ...

Obwohl mein Urgroßvater 99 Jahre alt wurde, blieb er bis zu seinem Tod geistig topfit. Nicht nur seine Erzählungen aus dem vergangenen Jahrhundert konnte er mit heute gesicherten Kenntnissen untermauern, auch die Geschehnisse der Tagespolitik (er las jeden Tag seine Zeitung) verstand und merkte er sich. Seine abfälligen Kommentare über Donald Trump haben mich immer wieder zum Schmunzeln gebracht.

Im Seniorenheim Farmach, wo Franz die letzten 17 Jahre seines Lebens verbrachte, fühlte er sich in den ersten Jahren mehr als Mitarbeiter denn als Bewohner. Er unterstützte die Gärtnerin, Lisei, beim Gestalten der Beete, beim Pflanzen und Pflegen der Blumen und der Hecken.
Seinen Stolz und seinen Humor behielt er sich bis zum Schluss. Er wollte immer über die Stiege zu seinem Zimmer im ersten Stock hinaufgehen. Da war er schon über 90, als er mir erklärte: „Mit'm Lift fahren konn i, wenn i alt bin!" Oder mit dem Rollstuhl. Kommt nicht in Frage. Keine „Schwäche" zeigen! An den Rollator konnte er sich erst spät gewöhnen. Das Autofahren stellte er eines Tages aus Vernunftsgründen freiwillig ein, den Führerschein gab er aber nicht ab und zeigte ihn ab und zu noch stolz vor. Bei der Bank etwa, mit der Bemerkung: „Der gilt owa nu!"

Erfreulicherweise konnte ich ihn in seinem letzten Lebensjahr noch oft besuchen und unsere Beziehung entwickelte sich mehr und mehr zu einer engen Freundschaft. Die privaten Fotos, die er aus dem Krieg mitgebracht hatte, vertraute er mir an. Sie waren in einem Album eingeklebt und beschriftet, in einem kleinen quadratischen Format. Ich scannte die Fotos und konnte sie ihm dann am Laptop zeigen und zoomen. Plötzlich erkannte er seine Kameraden wieder! Mit einem breiten Grinsen saß er da und erzählte mir Anekdoten und über die Schicksale der Menschen, die mit ihm den Krieg durchstehen mussten.

Er wusste von meinem Vorhaben, einen Film über sein Leben zu machen, doch richtig vorstellen konnte er es sich nie. Manchmal erkundigte er sich bei seiner Tochter, meiner Oma Loni, ob das schon „was G'scheites" sei, was ich da tue. Er befürchtete, beim Filmemachen würde es sich um eine „getarnte Arbeitslosigkeit" handeln. Für jemanden mit seiner Kindheits- und Jugendgeschichte war es schwer vorstellbar, einen so abstrakten Beruf wie Regisseur und Drehbuchautor auszuüben.

Oft habe ich mir die Frage gestellt, was Franz wohl sagen würde, wenn er den Film sehen und dieses Buch lesen würde. Das ist reine Spekulation, aber ich denke, derart im Mittelpunkt zu stehen – die mediale Aufmerksamkeit – hätte ihn gestört. Deswegen ist es nur gut, dass ich erst nach seinem Tod den Kinofilm gedreht habe. Was ihm aber mit Sicherheit gefallen hätte: Sein Leben wird nicht vergessen. Je älter er wurde, desto größer wurde sein Drang, seinen Enkeln und Urenkeln zu erzählen, was ihm alles widerfahren war. Er hätte nie ein Buch über sich selbst geschrieben oder ein Fernsehinterview gegeben, also sah ich es als meine Aufgabe, sein Leben für die Nachfolgegenerationen zu sichern. Es wäre doch jammerschade gewesen, wenn alle seine Erlebnisse, Erinnerungen und Emotionen für immer verloren gegangen wären. Ich selbst hätte das niemals geschafft, aber Gott sei Dank hatte ich Walter Müller an meiner Seite.

Eine STS-Textzeile kommt mir in den Kopf, wenn ich an meinen Urgroßvater denke: „Du worst ka Übermensch, host a nie so ton, g'rod deswegn wor do irgendwie a Kroft."

Danke, Uropa – du warst ein inspirierender Mensch und ein großes Vorbild!

Zeittafel

1914 28. Juli: Kriegserklärung Österreich-Ungarns an Serbien, Beginn des Ersten Weltkrieges

1917 2. April: Geburt Franz Streitbergers in Saalfelden

1918 31. Oktober: Aufkündigung der Realunion mit Österreich durch die ungarische Regierung, Zerfall der österreichisch-ungarischen Monarchie

11. November: Waffenstillstand von Compiègne, Ende des Ersten Weltkrieges

12. November: Ausrufung der Ersten Republik („Republik Deutschösterreich"), Einführung des Allgemeinen Wahlrechts für Frauen

1922 August: Höhepunkt der Hyperinflation in Österreich

Kurzes Zweckbündnis von Christlichsozialen, Nationalsozialisten und Bauernbund als Wahlgemeinschaft gegen die Sozialdemokraten in Saalfelden

1925 4. Februar: Tausch des Streitberger-Hofes (Christerngut) gegen das Schredergut in Kehlbach

1. März: Einführung der Schilling-Währung

Einzug der Nationalsozialisten mit fünf Vertretern in die Vertretung der Marktgemeinde Saalfelden

1926 Aufgabe des Schredergutes und Übernahme des „Saulehens" in Piesendorf durch die Familie Streitberger

Einführung des Rechtsverkehrs in Österreich, erst später Umsetzung in Wien

1927 Einführung der Hauptschule in Österreich (heute: Mittelschule)

1928 10. März: Anfrage Josef Streitbergers (Vater von Franz Streitberger) an die Gemeinde Piesendorf zwecks „Unterstützung bei der Beschaffung von Lebensmitteln"

ab Sommer/Herbst: Franz Streitberger als Annehmkind am Hof des Weberbauers Rupert Herzogs in Weikersbach

1929 25. Oktober: „Schwarzer Freitag" an der New Yorker Börse, Ausbruch der Weltwirtschaftskrise

1930 Rupert Herzogs Sohn Hermann als neuer Weberbauer

1932 Der Weberhof in Flammen, Wiederaufbau

1933 4. März: „Selbstausschaltung" des österreichischen Parlaments infolge des Rücktritts der drei Nationalratspräsidenten

7. März: Beginn des autoritären Dollfuß-Regimes mittels des Kriegswirtschaftlichen Ermächtigungsgesetzes von 1917, Einschränkung der Pressefreiheit, Verbot von Aufmärschen und Versammlungen

31. März: Verbot der sozialdemokratischen Wehrformation, des Republikanischen Schutzbundes

20. Mai: Gründung der „Vaterländischen Front", einer „überparteilichen" Zusammenfassung aller „regierungstreuen Österreicher"

26. Mai: Verbot der Kommunistischen Partei Österreichs (KPÖ)

27. Mai: Verhängung der „Tausendmarksperre" der deutschen Reichsregierung

12. Juni: Serie von nationalsozialistischen Sprengstoffangriffen in ganz Österreich

19. Juni: Verbot der NSDAP in Österreich

10. November: Wiedereinführung der Todesstrafe in Österreich nach Attentatsversuch auf Bundeskanzler Engelbert Dollfuß

Ende Jänner/Anfang Februar: Höhepunkt der nationalsozialistischen 1934
Böller- und Bombenangriffe in Österreich

12. bis 16. Februar: Bürgerkrieg in Österreich, Verbot der Sozialdemokratischen Arbeiterpartei, der Freien Gewerkschaften und aller weiteren sozialdemokratischen Organisationen, Massenverhaftungen, Vollzug der Todesstrafe

Absetzung des sozialdemokratischen Bürgermeisters von Saalfelden (Josef Riedler)

1. Mai: Proklamation der Verfassung von 1934, Ende der Ersten Republik, Errichtung des austrofaschistischen Ständestaates

20. Dezember: Gesetz gegen heimtückische Angriffe auf Staat und Partei und zum Schutz der Parteiuniformen („Heimtückegesetz") im Deutschen Reich

4. November: Fahrt vom Bahnhof Saalfelden nach Salzburg zur Musterung 1935
in der Lehener Kaserne, Einberufung zu den Pionieren mit Bruder Matthias (2. Kompanie/Pionierbataillon 6)

16. Dezember: Fahneneid (Lehener Kaserne)

9. Juli: Freischwimmerprüfung des österreichischen Bundesheeres 1936
in Melk

1. bis 16. August: Olympische Sommerspiele in Berlin

24. August: Aufhebung der „Tausendmarksperre"

24. Dezember: Prüfung Franz Streitbergers zum Kraftradlenker in Stockerau, vorangehende Kurse in Wien

1. Jänner: Einberufung die 4. Batterie (Kp.) des leichten Artillerieregiments 8 1937

11. Jänner: Versetzung Franz Streitbergers nach St. Johann im Pongau, Krobatinkaserne

Franz Streitberger als Kanonier, Beförderung zum Vormeister

12. März: Einmarsch der Deutschen Wehrmacht in Österreich, „Führerrede" 1938
in Linz

13. März: „Anschluss" Österreichs an das Deutsche Reich, Eingliederung als „Ostmark"

1938 14. März: „Eid auf den Führer", Franz Streitberger als Soldat der Wehrmacht, Beförderung zum Obergefreiten

15. März: Heeresbefehl mit Eingliederung des Bundesheeres in die Wehrmacht

6. April: Adolf Hitler und Konsorten in Salzburg; Absperrdienst Franz Streitbergers rund um das Hotel „Österreichischer Hof" (heute Hotel Sacher)

7. April: Rückkehr Franz Streitbergers nach St. Johann

13. Juni: Verlegung zur Flakartillerie nach Linz

Herbst: Rückkehr nach Saalfelden als 21-Jähriger nach drei Jahren Dienst im Militär

3. Oktober: Beginn der Tischlerlehre

Kennenlernen der späteren Ehefrau Susanne („Susi"), geb. Wittib

1939 28. August: Einberufung nach Wien

Einschulung Franz Streitbergers als Kradmelder

1. September: Überfall der Wehrmacht auf Polen, Beginn des Zweiten Weltkrieges

6. September: Postkarte Franz Streitbergers an Susanne aus Wiener Neustadt

Zwischenstation in Wiesbaden (Hessen), Kriegseinsatz in Polen

6. Oktober: Kapitulation Polens

1940 9. April: Überfall der Wehrmacht auf Norwegen und Dänemark

10. Mai: Beginn des Westfeldzuges mit dem Angriff auf die Benelux-Staaten

Bis 22. Juni: Besetzung Frankreichs, Ende des Westfeldzuges mit „Waffenstillstand"

Brief (undatiert) an Susanne aus Angouleme, weitere aus Straßburg, der Côte d'Émeraude und Rennes

1941 Einsätze Franz Streitbergers in Ungarn, Rumänien, Bulgarien, Griechenland

10. Februar: Brief an Susanne aus Bukarest

März: Erstmalige Begegnung mit dem Fuchs

6. April: Überfall auf das Königreich Jugoslawien und Griechenland, Beginn des Balkanfeldzuges

22. Juni: Überfall auf die Sowjetunion, Beginn des „Russlandfeldzuges"

27. November: Franz Streitbergers Antrag auf Erteilung der Heiratserlaubnis

15. Dezember: Hochzeit von Franz Streitberger und Susanne Wittib in Maria Alm

1942 Verlegung nach Libyen (Tobruk)

Oktober/November: Zweite Schlacht von El-Alamein (Ägypten)

Letzter Fronturlaub von Franz Streitberger 1943

13. Mai: Kapitulation der Heeresgruppe Afrika in Tunis

Franz Streitberger auf Sizilien

8. September: Tod von Matthias Streitberger (Bruder von Franz Streitberger) in Montenegro, Unfall durch Sprengmittel

30. Oktober: Moskauer Deklaration, Grundlage für die österreichische „Opferthese" nach 1945

April: Geburt von Sohn Hermann in Abwesenheit des Vaters Franz Streitberger 1944

25. August: Befreiung von Paris

Franz Streitberger bei den Fallschirmjägern, Absprung über den Niederlanden 1945

16. April: Desertation, Gefangennahme zwischen Essen und Oberhausen, Kriegsgefangenschaft in den Rheinwiesenlagern

8. Mai: Bedingungslose Kapitulation der deutschen Wehrmacht, Ende der Kampfhandlungen in Europa

2. September: Kapitulation Japans, Ende des Zweiten Weltkrieges

3. November: Tod von Katharina Streitberger (Mutter von Franz Streitberger)

25. November: Erste freie Wahlen in Österreich seit 1932

Kurz vor Weihnachten: Rückkehr Franz Streitbergers aus der Kriegsgefangenschaft nach Saalfelden

Aufnahme der Arbeit bei der Eisenbahn in Saalfelden 1947

Herbst: Erste Rücktransporte österreichischer Kriegsgefangener aus Russland

ab 2. Juli: Umsetzung des Marshallplans 1948

Geburt von Loni, Franz Streitbergers Tochter 1952

14. Juni: Tod von Josef Streitberger (Vater von Franz Streitberger) 1953

15. Mai: Unterzeichnung des Staatsvertrages, Rückerlangung der vollen staatlichen Souveränität 1955

EU-Beitritt Österreichs 1995

Übersiedlung des Ehepaares Franz und Susi Streitberger in das Seniorenhaus Farmach 2000

Jänner: Ablösung des Schillings durch den Euro als neues Zahlungsmittel 2002

3. Juli: Tod von Susanne Streitberger (Ehefrau von Franz Streitberger)

13. März: Tod von Franz Streitberger 2017

Danksagung

Da ich keine Erfahrung im Verlagswesen habe und diese Welt doch ganz anders als jene des Films ist, habe ich mich lange umgehört, welcher Verlag für eine Publikation in Frage kommen könnte. Meine Großcousine Andrea arbeitet in einer Buchhandlung in Saalfelden und empfahl mir den Anton Pustet Verlag aus Salzburg. Dafür bin ich ihr sehr dankbar, denn nach einem Treffen mit Michaela Schachner war für mich klar, dass der Verlag perfekt für die Veröffentlichung der Geschichte meines Urgroßvaters sein würde. Wie so oft habe ich mich auf mein Bauchgefühl verlassen und wurde nicht enttäuscht, ganz im Gegenteil: Ein großer Dank gilt dem gesamten Team des Verlags, vor allem Verlagsleiterin Michaela Schachner, Markus Weiglein für die historische Beratung und das Lektorat, Martina Schneider für das Korrektorat sowie Nadine Kaschnig-Löbel für die grafische Gestaltung und Christin Albert für das Cover.

Ich bin Filmemacher und kein Schriftsteller. Als der Verlag Walter Müller als Autor des Buches vorgeschlagen hat, war ich sofort hellauf begeistert. Ihn durfte ich bei der Beerdigung meines geschätzten Kollegen Wolfram Paulus kennenlernen, worauf ich mir gleich sein Buch *Wenn es einen Himmel gibt …* kaufte. Ich mag seine Art zu denken, zu schreiben, zu leben. Walter ist tief eingetaucht in die Vergangenheit meiner Familie und in das Leben meines Urgroßvaters – er schrieb diese Geschichte mit so viel Empathie, Verstand und Geschick nieder, dass ich nichts weiter tun kann, als ihm meinen tiefen Dank auszusprechen.

Weiters möchte ich mich bei meiner „Saalfeldener Familie“ bedanken, die mich von Anfang an mit Wissen und Kontakten unterstützt hat, allen voran Andrea, Susi, Gabi, Claudia, Loni und Gerhard.

Eine Frau, die mir schon bei der Vorbereitung des Films auf so viele Arten geholfen hat, dass es den Rahmen sprengen würde, alles im Detail aufzuzählen, und die auch bei diesem Buch nicht wegzudenken war, ist Andrea Dillinger aus Saalfelden.

Danke an Elfriede Feiersinger, die sich als Ahnenforscherin unserer Familie geoutet hat.

Danke an Franzi, die als Pflegerin im Seniorenheim Farmach einer der wichtigsten Menschen für meinen Urgroßvater in den letzten Jahren seines Lebens war.

Danke an Richard Germann, der uns als Historiker bei der Recherche und Kontextualisierung der Fotos geholfen hat.

Adrian Goiginger,
im Sommer 2024

Collagen

S. 58–59: oben v.l.n.r.: Franz Streitberger, 1935; Blumencorso in Saalfelden, 1927; historische Aufnhame des „Alten Saulehens“ um 1970; unten v.l.n.r.: Katharina Streitberger (Mutter von Franz); Josef Streitberger (Vater von Franz); Matthias Streitberger (Bruder von Franz) mit Frau und Kind

S. 76–77: Briefe von Franz Streitberger an seine zukünftige Ehefrau Susanne „Susi“, geb. Wittib; oben v.l.n.r.: Brief aus Wiener Neustadt, 1939; Brief aus Bukarest, 1941; unten v.l.n.r.: Brief aus Straßburg, 1940; Brief aus Paris, 1940; Brief aus Morlaix, 1940

S. 96–97: oben v.l.n.r.: Franz Streitberger mit seiner Maschine in Wiesbaden, 1939; Franz in Frankreich, Ort unbekannt, 1940; Franz in Frankreich, Ort unbekannt, 1940; unten v.l.n.r.: Franz in Deauville, 1940; Franz in Frankreich, Ort unbekannt, 1940

S. 98–99: oben v.l.n.r.: Hochzeitsfoto von Franz Streitberger und seiner Frau Susi, 1941; Franz in Ägypten, 1942; Franz auf Sizilien, 1941; unten v.l.n.r.: Franz in Ägypten, 1942; Franz mit einem Kameraden auf einem Soldatenfriedhof, Ort und Jahr unbekannt

S. 126–127: oben v.l.n.r.: Franz Streitberger mit Sohn Hermann, Jahr unbekannt; Franz mit seiner Frau Susi (links), daneben Susis Schwägerin; Franz mit deutschen Gästen seiner Ferienwohnungen, 1960er Jahre; unten: wiederum Franz mit Gästen; rechts daneben: Franz beim Reifenwechsel.

Bildnachweis

Alamode Film: S. 11
Bildarchiv Museum Schloss Ritzen: S. 14, 22, 28, 58/59 (oben mittig), 110
Ehepaar M. Glotz / I. Leinpinsel: S. 59 (oben rechts)
ullstein bild – LEONE: S. 100
Alle weiteren Fotos: Privatarchiv Adrian Goiginger; zahlreiche Fotos hatte Franz Streitberger während des Krieges mit seiner Kamera mit Selbstauslöser selbst geschossen.

Literatur und Quellen

Monografien und Sammelbände

Isabella **Ackerl**: Geistiges Leben im Österreich der Ersten Republik. München 1986.

Bertrand Michael **Buchmann**: Österreicher in der Deutschen Wehrmacht. Soldatenalltag im Zweiten Weltkrieg. Wien/Köln/Weimar 2009.

Oskar **Dohle**, Nicole **Slupetzky**: Arbeiter für den Endsieg. Zwangsarbeit im Reichsgau Salzburg 1939–1945. Wien 2004.

Johanna **Gehmacher**: Jugend ohne Zukunft. Hitler-Jugend und Bund Deutscher Mädel in Österreich vor 1938. Wien 1994.

Rainer **Hochhold**: Geschichte des Pinzgaus. Eigenständig – eigentümlich – eigenwillig. Salzburg 2023.

Johannes **Hofinger**: Nationalsozialismus in Salzburg. Opfer – Täter – Gegner. Innsbruck 2018.

Rudolf **Leo**: Der Pinzgau unterm Hakenkreuz. Diktatur in der Provinz. Salzburg 2013.

Albert **Lichtblau**: „Arisierungen", beschlagnahmte Vermögen, Rückstellungen und Entschädigungen in Salzburg. Veröffentlichungen der Österreichischen Historikerkommission Band 17/2. Wien 2004.

Marktgemeinde Saalfelden (Hg.): Chronik Saalfelden. 2 Bände. Saalfelden 1992.

Christian **Packheiser**: Heimaturlaub. Soldaten zwischen Front, Familie und NS-Regime. Göttingen 2020.

Oliver **Rathkolb**: Die paradoxe Republik. Österreich 1945 bis 2010. Aktualisierte Neuausgabe. Innsbruck/Wien 2011.

Susanne **Rolinek**, Gerald **Lehner**, Christian **Strasser**: Im Schatten der Mozartkugel. Reiseführer durch die braune Topographie von Salzburg. Wien 2009.

Links

Sabine **Aschauer-Smolik**: Saalfelden unterm Hakenkreuz, vgl. https://www.zeitgeschichte-saalfelden.at/texte/saalfelden_unterm_hakenkreuz.pdf (zuletzt abgerufen am 1. März 2024).

Sabine **Aschauer-Smolik**: Saalfelden unter US-amerikanischer Besatzung, vgl. http://www.zeitgeschichte-saalfelden.at/texte/us_besatzung.pdf (zuletzt abgerufen am 1. März 2024).

Sabine **Aschauer-Smolik**: „Unsere Legitimation war ... die Hoffnung ..." Jüdische Flüchtlinge in Saalfelden 1946 bis 1949, vgl. http://www.zeitgeschichte-saalfelden.at/texte/fluechtlinge.pdf (zuletzt abgerufen am 1. März 2024).

Stefan **Benedik**: Urlaub für alle, vgl. https://hdgoe.at/urlaub_fuer_alle (zuletzt abgerufen am 1. März 2024)

Silvia **Bengesser**: Von Mäusen, Hühnern und anderen Elefanten. In: Online-Blog „Literatur für den Fall", vgl. https://www.literaturfuerdenfall.at/von-maeusen-huehnern-und-anderen-elefanten/ (zuletzt abgerufen am 1. März 2024).

Maria **Ecker**: „Sollte der Jude im Geschäft hinderlich sein, dann entfernen sie ihn ganz einfach". „Arisierung" und Restitution in Saalfelden, vgl. http://www.zeitgeschichte-saalfelden.at/texte/arisierung_restitution.pdf (zuletzt abgerufen am 1. März 2024).

Richard **Germann**: „Österreicher" in der Wehrmacht, vgl. https://hdgoe.at/wehrmachtssoldaten (zuletzt abgerufen am 1. März 2024).

Historischer Währungsrechner der Oesterreichischen Nationalbank, vgl. https://www.eurologisch.at/docroot/waehrungsrechner/#/

Marliese **Mendel**: Die langen Geburtswehen des Mutterschutzgesetzes, vgl. https://www.oegb.at/themen/geschichte/die-langen-geburtswehen-des-mutterschutzgesetzes (zuletzt abgerufen am 1. März 2024).

Martin **Mutschlechner**: Die Gleichzeitigkeit des Ungleichzeitigen: Alphabetisierung als Gradmesser der Entwicklung, vgl. https://ww1.habsburger.net/de/kapitel/die-gleichzeitigkeit-des-ungleichzeitigen-alphabetisierung-als-gradmesser-der-entwicklung (zuletzt abgerufen am 1. März 2024).

NS-Dokumentationszentrum Rheinland-Pfalz, Gedenkstätte KZ Osthofen (Hg.): Blätter zum Land Nr. 63. Kriegsgefangenschaft in den Rheinwiesenlagern (1945 bis 1948), vgl. https://www.lpb.rlp.de/fileadmin/files/Blaetter_zum_Land/BRZ_BzL_Rheinwiesenlager_Nr.63_web_.pdf (zuletzt abgerufen am 1. März 2024).

Manfried **Rauchensteiner**: Die Eingliederung des österreichischen Bundesheeres, vgl. https://www.doew.at/erkennen/ausstellung/1938/die-eingliederung-des-oesterreichischen-bundesheeres (zuletzt abgerufen am 1. März 2024).

Mario **Steidl**: Die Lebensbedingungen in Saalfelden nach 1945, vgl. https://www.zeitgeschichte-saalfelden.at/texte/soziale_lage.pdf (zuletzt abgerufen am 1. März 2024).

Hubert **Weitensfelder**: Geschütze statt Geläute. Metallsammlungen, vgl. https://www.habsburger.net/de/kapitel/geschuetze-statt-gelaeute-metallsammlungen (zuletzt abgerufen am 1. März 2024).

Archive

Zur Beleuchtung der militärischen Laufbahn Franz Streitbergers wurden Archive im In- und Ausland konsultiert.
Nur fallweise brachten die Recherchen Brauchbares zutage, was u. a. an Lücken in der Überlieferungshistorie liegt.
Die wesentlichsten Erkenntnisse lieferten Unterlagen aus dem Österreichischen Staatsarchiv/Archiv der Republik, nämlich die Matriken des 1. Österreichischen Bundesheeres (ÖBH) sowie Bestände zur deutschen Wehrmacht (DWM).
Darüber hinaus wurden die Gauakten des Wiener Stadt- und Landesarchivs ausgehoben.

Interviews

Gespräche Adrian Goigingers mit seinem Urgroßvater Franz Streitberger aus dem Jahr 2008 (Tonbandaufnahmen)

SIMON MORZÉ
ADRIANE GRADZIEL
KARL MARKOVICS
DER FUCHS
EIN FILM VON
ADRIAN GOIGINGER

„GEHT DIREKT INS HERZ“
KRONEN ZEITUNG
„ÖSTERREICHISCHES ARTHOUSE-KINO IN VOLLENDUNG.“
DIE FURCHE
Alamode film
SIMON MORZÉ ADRIANE GRADZIEL KARL MARKOVICS
DER FUCHS
DER FUCHS
FSK ab 12 freigegeben
NACH DIE BESTE ALLER WELTEN DER NEUE FILM VON ADRIAN GOIGINGER
Blu-ray Disc
Alamode film
SIMON MORZÉ ADRIANE GRADZIEL KARL MARKOVICS
DER FUCHS
DER FUCHS
NACH DIE BESTE ALLER WELTEN DER NEUE FILM VON ADRIAN GOIGINGER
JETZT KAUFEN
JETZT ALS DVD, BLU-RAY & DIGITAL ERHÄLTLICH!
Alamode film

Rainer Hochhold

Geschichte des Pinzgaus
eigenständig, eigentümlich, eigenwillig

Eine Spurensuche von der Altsteinzeit bis zur Gegenwart.

Wie kam der Pinzgau zu seinem Namen? Seit wann wird er von Menschen bewohnt? Und welche historischen Ereignisse führten dazu, dass er heute ein Teil des Landes Salzburg ist?
Diese und viele weitere Fragen stellt sich Historiker Rainer Hochhold, der auf seiner Suche nach Antworten so manchen Mythos entlarvt und viel Licht ins Dunkel bringt.
Mit bisher unveröffentlichten Quellen und Bildern!

264 Seiten
Hardcover, 17 x 24 cm
durchgehend farbig bebildert
ISBN 978-3-7025-1077-0, € 29,–

Anna Boschner, Simona Pinwinkler

Schattenorte
Geschichten und Geheimnisse in Salzburg

Was im Dunkeln liegt …

Warum ließ ein Erzbischof Kanonen auf die eigene Stadt richten? Wo setzten Knappen während des „Salzburger Goldrausches" ihr Leben aufs Spiel? Warum ging 1816 als das „Jahr ohne Sommer" in die Geschichte ein? Von den Spuren der Tempelritter über die alten Hexen- und Wolfsprozesse bis zur Bücherverbrennung in der Zeit des Nationalsozialismus: Lernen Sie mit historischem Unrecht verwobene Orte in Stadt und Land Salzburg kennen!

152 Seiten
französische Broschur,13,5 x 21,5 cm
s/w Abbildungen
ISBN 978-3-7025-1112-8, € 25,–

Thomas Neuhold, Andreas Praher

Widerstand, Verfolgung, Befreiung
Zeitgeschichtliche Wanderungen

Salzburg, Oberösterreich, Südostbayern, Ausseerland

Die beiden Autoren führen uns an Orte jüdischer Sommerfrische, zu nationalsozialistischen Lagern und Todesfabriken, zu den Spuren von Zwangsarbeiterinnen und Zwangsarbeitern, zu den Zufluchtsorten von Widerstandskämpferinnen und Widerstandskämpfern, zu den Verstecken prominenter NS-Schergen, aber auch zu den Wegen der alliierten Befreier.
35 Themenstrecken inkl. Kartenskizzen.

248 Seiten
französische Broschur, 11,5 x 18 cm
durchgehend farbig bebildert
ISBN 978-3-7025-0963-7, € 24,–

Thomas Neuhold

Salzkammergut
Orte der Erinnerung
hingehen · begreifen · niemals vergessen

30 bebilderte Themenkapitel aus dem Zeitraum 1914 bis 1963

Vom Widerstandsversteck „Igel" bis zum Feriendomizil der Familie Goebbels – in wenigen anderen Regionen Österreichs liegen die Widersprüche auch geografisch so nah beieinander wie im Salzkammergut. Hier kreuzen sich die Spuren von Rebellen und Kämpferinnen, Opfern und Verfolgten mit denen von Kriegsverbrechern und hochrangigen NS-Tätern.
Der dazugehörige Faltplan markiert die Plätze und gibt Hinweise zur Orientierung.

90 Seiten
Softcover, 11,5 x 18 cm
s/w Abbildungen
mit beiliegendem Übersichts-Faltplan
ISBN 978-3-7025-1124-1, € 20, –

Adrian Goiginger
Regisseur und Drehbuchautor, Gründer mehrerer Produktionsfirmen. Ausgezeichnet mit weltweit über 100 Preisen für seinen Film *Die Beste aller Welten* (2017). *Der Fuchs* (2022) schloss an diesen Erfolg mit über 130 000 Kinobesucher*innen in Österreich an. Foto: Privatarchiv Adrian Goiginger

Walter Müller
Journalist, Dramaturg, Schriftsteller, Trauerredner. Preise und Auszeichnungen u. a.: Ingeborg-Bachmann-Förderpreis, Rauriser Förderungspreis, Georg-Trakl-Stipendium, Berlin-Stipendium des Landes Salzburg, Stadtsiegel in Silber und Gold der Stadt Salzburg. Foto: ©Peter Angerer